PORTEFEUILLE DE PROJETS

Éditions d'Organisation
Groupe Eyrolles
61, bd Saint-Germain
75240 Paris Cedex 05

www.editions-organisation.com
www.editions-eyrolles.com

Du même auteur, chez le même éditeur

Le Kit du chef de projet, 3ᵉ édition, 2007.
La Conduite de projet, 3ᵉ édition, 2008.

La Gestion de projet par étapes
Analyse des besoins, 2006, 2008. 1ʳᵉ étape.
Analyse technique et réalisation, 2007. 2ᵉ étape.
Tests et mise en service, 2008. 3ᵉ étape.

© Groupe Eyrolles, 2009
ISBN : 978-2-212-54316-2

Hugues MARCHAT

LA GESTION DE PROJET PAR ÉTAPES

PORTEFEUILLE
DE PROJETS

4ᵉ étape

Téléchargement des modèles de documents prêts à l'emploi et des
modèles renseignés depuis www.editions-organisation.com

EYROLLES

Éditions d'Organisation

L'exemple choisi pour illustrer le premier ouvrage de cette série *L'analyse des besoins* était la réalisation d'un catalogue.

L'exemple choisi pour illustrer le deuxième ouvrage de cette série *Analyse technique et réalisation* était la fabrication d'un logiciel.

L'exemple choisi pour illustrer le troisième ouvrage de cette série *Tests et mise en service* était la mise en place d'une procédure organisationnelle.

Pour ce quatrième ouvrage, j'ai choisi de présenter une partie seulement d'un plan stratégique. Les outils vont illustrer de manière partielle les projets d'un plan plus global, afin de ne pas alourdir la forme et d'assurer la compréhension au lecteur.

Les fichiers des modèles de documents prêts à l'emploi et des modèles renseignés peuvent être téléchargés depuis le site www.editions-organisation.com.

Pour cela, tapez le code G54316 dans le champ <Recherche> de la page d'accueil du site, puis appuyez sur <entrée>. Vous accéderez ainsi à la fiche de l'ouvrage sur laquelle se trouve un lien vers le fichier à télécharger. Une fois ce fichier téléchargé sur votre poste de travail, il vous suffit de le décompresser.

Téléchargement des modèles de documents prêts à l'emploi
et des modèles renseignés depuis www.editions-organisation.com

Sommaire

Partie 1
La méthode

Préface

S'il est bien un métier où le titre de « chef » est quotidiennement employé, sans avoir le moindre doute quant à sa portée et sa signification… c'est bien en cuisine !

Et voilà que l'un des plus brillants d'entre eux, Alain Ducasse, me propose en 2002 de superviser l'ouverture de son prochain restaurant à Hong Kong, d'être son « chef » de projet.

Depuis cette date, les projets se sont multipliés à grande vitesse ; qu'ils soient opérationnels – nous avons ouvert près de vingt restaurants sous notre griffe de 2002 à 2008 – ou stratégiques.

De facto, je me retrouvais à non plus être le responsable d'un seul projet ou d'une seule ouverture de restaurant, mais de plusieurs projets. La solution qui s'est imposée naturellement pour gérer cette croissance, a été de constituer une équipe de chefs de projets, avec la problématique de gérer alors un « portefeuille de projets ».

La naissance du métier de « chef de projet »

De manière générale, dans une entreprise avec une forte culture terrain, le collaborateur parfois abusivement qualifié de « non productif » doit gagner sa légitimité. Les intervenants et animateurs d'un fonctionnement en mode projets, en particulier lorsque leur parcours ne s'est pas fait sur le terrain en question, doivent démontrer davantage de méthode, de formalisation et de communication interne quant à cette façon de travailler.

Ce mode opératoire fluidifie la mise en place de la stratégie de l'entreprise. Pour les opérationnels, c'est l'opportunité de développer leur savoir-faire dans un cadre bien défini (temps, budget, niveau de qualité), et pour les plus créatifs, c'est l'occasion d'organiser et de favoriser l'expression de leur talent.

Face à une croissance forte, nous devions améliorer nos pratiques de conduite de projets. Nous avons décidé pour y parvenir de nous appuyer sur un expert, capable de prendre en compte notre dimension très opérationnelle… et passionnée.

Notre choix s'est rapidement porté sur Hugues Marchat et Christophe Baus, avec pour objectif de nous aider à formaliser ce travail en « mode projet ».

Cette mission a débuté par une phase d'interviews pour comprendre notre culture, nos besoins et notre maturité, quant à la conduite de projet. Cet audit a été formalisé puis a débouché sur une première formation de nos chefs de projet, à l'acquisition de la méthodologie. La phase suivante a été de construire un « référentiel de conduite de projet » personnalisé.

L'affirmation d'une « culture et identité » d'entreprise

Nous sommes constamment en « mode projet ». C'est finalement un langage commun qui s'affirme dans l'entreprise ; que l'on ouvre un restaurant, réalise une mission d'audit, mette en place un programme de formation, crée un nouveau concept ou réorganise un service fonctionnel.

Ouvrir un restaurant à Tokyo avec la maison Chanel, lorsque l'architecte est basé à New York, et que votre équipe d'une dizaine d'experts est basée à Paris, ne vous donne aucun choix que de scrupuleusement évoluer et avancer en mode projet.

Point notable, les partenaires avec lesquels nous avons travaillé ces dernières années travaillent eux aussi en mode projet. En effet, au quotidien, nos interlocuteurs sont de grands groupes hôteliers, des sociétés de services internationales, des cabinets de maîtrise d'œuvre ou d'architecture très structurés.

Aussi, l'artisanat – comme Alain Ducasse aime à le rappeler – n'est pas du tout incompatible avec une gestion en mode projet très organisée. Au contraire, avoir créé cette fonction dans l'entreprise et ce langage commun « mode projet » que nous avons avec ces partenaires, contribue aussi, je le crois également, à la réussite de l'entreprise Alain Ducasse.

On ne peut conclure, finalement, que sur l'essentiel : la femme ou l'homme qui est le « chef de projet ». On ne saurait réduire la réussite d'une entreprise uniquement à une bonne stratégie et à sa capacité de maîtriser des techniques.

Or, précisément dans des métiers très opérationnels tels que la restauration ou l'hôtellerie, les chefs de projet exercent une profession difficile, exigeante et parfois ingrate. La fonction même, d'autant plus lorsque vous œuvrez pour une grande marque ou une enseigne prestigieuse, oblige à avoir un sens de l'abnégation et à trouver dans l'achèvement du projet, puis son bilan, source de satisfaction.

J'aimerais suggérer à Hugues, pour son cinquième livre sur le sujet, par exemple, de traiter justement du thème qu'est le management et la gestion des chefs de projet dans l'entreprise.

Cet enjeu est de taille, car aborder en interne ce genre de problématique nous pousse à traiter de l'identification des talents, de la gestion de carrière, des cycles de vie professionnelle.

Je remercie chaleureusement Hugues pour son pragmatisme, sa pédagogie et son humanité. À travers cette préface, il me permet également de remercier toute l'équipe de chefs de projet que j'ai eu le plaisir d'animer ces dernières années.

Merci, enfin, à Alain Ducasse de m'avoir confié de si passionnants projets... tout « non-chef » que j'étais !

Stéphane BELLON
Directeur du développement
Alain Ducasse Restaurants et Hospitalité

Avant-propos

Cela fait vingt ans que je pratique et enseigne la conduite de projets ; vingt ans que j'explique qu'il faut réfléchir avant d'agir ; vingt ans que je prêche que les gens désorganisés sont exploités par les gens organisés ; vingt ans que je vante les mérites des méthodes et des outils… Pour que l'entreprise se développe, pour que les projets aboutissent, pour que les carrières soient brillantes, il faudrait donc :

- avoir la capacité à se projeter dans l'avenir ;
- savoir communiquer aux autres sa vision ;
- décliner les buts en plans ;
- construire des plannings détaillés ;
- définir des budgets prévisionnels ;
- analyser les risques ;
- gérer les aléas…

Bref il faut s'organiser et anticiper… Et cela fait vingt ans que, finalement, rien ne se passe comme prévu dans le monde, dans les entreprises, dans ma vie :

- la croissance, le développement et la dette de l'État ;
- les plans stratégiques et le turnover des managers ;
- les discours sur les valeurs et la souffrance au travail ;
- les dossiers projet et la gestion de l'urgence quotidienne ;
- ma carrière militaire et mon destin de patron ;
- la préparation progressive de ma retraite en Bretagne et l'arrivée de ma dernière fille…

Et si nous laissions parfois dériver le bateau au gré du vent, et si nous faisions confiance à la créativité, au destin, à la nature, et si nous arrêtions de vouloir tout planifier, organiser, budgéter ? Et si nous écoutions la puissance de nos intuitions ? Et si nous lâchions prise ?

Au moins de temps en temps…

À Luna

Remerciements

C'est à la demande de mes clients que j'ai voulu rédiger cet ouvrage sur les portefeuilles de projets. La progression des chefs de projets en matière de gestion par projet, la mise en place de méthode et d'outils au sein des équipes pose maintenant la question aux managers et directeurs de projets qui se trouvent à la tête de portefeuilles : comment faire pour constituer et faire vivre un portefeuille de projets.

Merci donc à tous ces managers qui m'ont poussé à écrire ce livre.

Deux missions m'ont particulièrement marqué au cours de cette année 2008.

Le travail d'accompagnement de la société Bretim et de son dirigeant Yann Coadic

Bretim est une PME bretonne qui conçoit et réalise des process et des systèmes pour l'agroalimentaire. À la suite d'une formation à la conduite de projets, j'ai accompagné Yann dans la définition de ses projets de développement et dans l'amorce de son plan stratégique.

Depuis, nous avons découvert que nous avions une passion commune, la vitesse en windsurf, et nous échangeons régulièrement au téléphone et par mail, non seulement autour de notre activité sportive mais aussi sur les questions que se pose Yann dans ses modes de management, son organisation personnelle, et la déclinaison sur l'organisation de son entreprise.

Yann fait partie de ces dirigeants de PME totalement impliqués dans leurs activités, mais au-delà de l'expertise technique, il réfléchit aussi à l'évolution de ses collaborateurs, il sait se faire aider pour mener ses réflexions et il a donc pleine conscience des investissements temps et financiers nécessaires à la capitalisation sur l'humain. Yann fait partie de ces rares dirigeants qui ont la capacité à se remettre en cause, à faire évoluer en profondeur leurs pratiques managériales dans leur intérêt et celui de leurs collaborateurs. Enfin, merci à toi Yann pour tes précieux conseils pour améliorer mes performances en windsurf, même si je sais parfaitement que je ne serai jamais à la hauteur des tiennes.

La mission de conseil et de formation à la conduite de projet dans le groupe Alain Ducasse

Lorsqu'une demande de formation à la conduite de projet a émané du groupe Alain Ducasse, j'étais un peu sceptique quant aux apports que je pouvais avoir dans ce domaine de la restauration de luxe. Une première rencontre avec Stéphane Bellon et son équipe m'a permis de prendre en compte l'ampleur des projets menés, et notamment les ouvertures de restaurant ; de plus, j'ai découvert une vraie logique de groupe, de développement et de projet. Mais le plus étonnant a été de découvrir à travers les différentes rencontres et les entretiens de préparation de la formation un ensemble de collaborateurs passionnés, totalement investis et, de plus, détenant un niveau d'expertise que je ne soupçonnais pas dans ce type d'activité. Et puis, à travers tous les échanges et travaux apparaissait sans cesse la référence au « chef », Alain Ducasse. Le groupe Alain Ducasse fait partie de ces structures passionnantes pilotées par des leaders charismatiques, de plus en plus rares aujourd'hui, dont la présence transpire à chaque instant et dans chaque projet, même lorsqu'ils sont à l'autre bout du monde. Les échanges avec les chefs de projet du groupe ont été riches car au-delà de leur « tête bien faite » j'ai senti leur pleine volonté d'améliorer leurs pratiques et d'investir dans les méthodes et les outils de la conduite de projet, tout en ayant le souci d'une qualité de résultat à la hauteur des exigences de leur leader, de l'image et des valeurs du groupe.

Merci à Laurent Plantier de nous avoir accordé sa confiance de dirigeant en nous confiant cette mission, à Antoine Anglade de nous avoir aidé à organiser cette formation, à Marie Bellet et Florian Biscop pour leur travail minutieux de construction du référentiel de conduite de projet. Merci aussi, à Christophe Baus de m'avoir aidé et accompagné dans la mission réalisée dans le groupe Alain Ducasse.

Et enfin un grand merci à Stéphane Bellon pour la qualité des échanges que nous avons eus tout au long de cette mission ; il a su m'aider à décrypter les organisations, les expertises, les subtilités du métier et de ses modes de management. Merci à vous Stéphane d'avoir accepté de préfacer ce livre et de m'avoir accordé du temps.

Les concepts de base

Ce livre est le quatrième d'une série de quatre ouvrages :
- le premier traite de la première phase d'un projet, l'analyse du besoin ;
- le deuxième traite de l'analyse technique et de la réalisation ;
- le troisième traite des tests et de la mise en service ;
- le quatrième, que vous avez entre les mains, traite de l'élaboration du portefeuille de projets avec une logique de gestion de projet.

Cette partie va permettre à ceux qui débutent dans la construction et la gestion d'un portefeuille de projets d'appréhender le vocabulaire et les concepts de base. Ce vocabulaire leur permettra de mieux comprendre les parties suivantes, et de mettre en œuvre aussi bien que possible la méthode associée.

Vous trouverez les définitions et les concepts touchant aux thèmes suivants :
- la notion de stratégie d'entreprise ;
- la notion de tactique ;
- la notion de portefeuille de projets ;
- le référentiel de conduite de projets ;
- les organisations existantes pour faire vivre un portefeuille ;
- l'étude d'opportunité ;
- l'étude de faisabilité ;
- l'étude préalable ;
- la gestion par projet ;
- le management des projets ;
- les acteurs qui participent au portefeuille de projets ;
- les liens entre les phases d'un projet.

POINTS IMPORTANTS

Ce livre s'adresse aussi bien aux chefs de projet désireux de comprendre comment la logique projet est appliquée à toute l'entreprise, aux directeurs de projet qui souhaitent comprendre le système de coordination multiprojets, aux directeurs de services opérationnels qui doivent construire et mettre en œuvre un portefeuille de projets, aux chefs d'entreprise qui souhaitent se servir du management de projet comme appui dans le développement de leur entreprise.

Au-delà des aspects méthodologiques, la compréhension des concepts de la conduite et du management de projet est essentielle pour bien mettre en œuvre les outils associés à la méthode. Ce livre ne traite pas de la stratégie d'entreprise mais aide à comprendre comment on peut se servir de la conduite de projet pour faire de la stratégie.

La conduite de projet est un bras de levier essentiel pour faire progresser les hommes et les résultats, son utilisation peut être réduite à la mise en œuvre d'un projet avec les méthodes vues dans les trois précédents ouvrages ; cela apportera des gains importants au niveau du projet, mais la « puissance » du management de projet est essentielle car celui-ci permet, s'il est bien utilisé, de faire travailler les hommes ensemble sur de multiples projets avec un langage commun et une vision commune.

Nous allons expliquer la logique globale d'un portefeuille de projets, ses bras de levier mais aussi les difficultés liées à la mise en œuvre.

DÉFINIR LES CONCEPTS DE BASE

Avant d'aborder l'aspect méthodologique (partie 1), il est nécessaire de définir les concepts de base. Quelques questions vont nous permettre de poser ces bases :

- Qu'est-ce qu'une stratégie ?
- À quoi cela sert-il de définir une stratégie ?
- Qu'est-ce qu'un plan stratégique ?
- Quelle est la récurrence d'un plan stratégique ?

- Qu'est-ce qu'un plan tactique ?
- Comment s'articulent la stratégie et la tactique ?
- Qu'est-ce qu'un portefeuille de projets ?
- Quels sont les types de portefeuille ?
- Pourquoi mettre un langage commun au niveau du portefeuille ?
- En quoi consiste le langage commun ?
- Quel est le vocabulaire du langage commun ?
- Quelles sont les organisations les plus performantes pour faire fonctionner un portefeuille ?
- Qu'est-ce que l'opportunité ?
- Qu'est-ce que la faisabilité ?
- Comment s'articulent faisabilité et opportunité ?
- Qu'est-ce qu'une étude préalable ?
- Comment s'intègre l'étude préalable dans la logique globale projet ?
- Comment comprendre de façon simple la différence entre toutes les étapes ?
- Qu'est-ce que la gestion par projet et le management des projets ?
- Qui sont les acteurs qui participent à l'élaboration et au pilotage du portefeuille de projets ?

Qu'est-ce qu'une stratégie ?

La stratégie constitue le chemin général pour atteindre les objectifs globaux de l'entreprise. C'est un assemblage de plusieurs éléments constitutifs du fonctionnement de l'entreprise afin de la conduire vers ses objectifs généraux.

La stratégie nécessite de placer l'entreprise dans son contexte et d'avoir une approche systémique. Ainsi, avant de décrire précisément une stratégie, il convient de prendre en compte par exemple :

- la concurrence directe sur les produits ou services réalisés par l'entreprise ;

- la concurrence indirecte de produits ou services à la marge de ce que réalise l'entreprise ;
- le contexte économique global (local, pays, mondial) ;
- l'écologie de l'entreprise au sens de son intégration dans l'environnement humain et naturel ;
- la volonté des actionnaires de l'entreprise.

L'élément déterminant est la volonté des actionnaires ; ce sont eux (propriétaires…) qui vont, au final, déterminer la stratégie générale de l'entreprise.

La « qualité » de la stratégie est dépendante de la capacité des actionnaires à prendre en compte tous les paramètres de l'environnement de l'entreprise et à les mettre en perspective. Il sera, par exemple, tout aussi complexe de déterminer une stratégie « valable » pour :

- un chef d'entreprise dirigeant et actionnaire d'une PME qui veut « placer » ses enfants dans sa structure ;
- un directeur général d'une multinationale cotée en Bourse, avec de multiples actionnaires ayant des intérêts parfaitement différents, à court terme ou à très long terme ;
- des actionnaires souhaitant une rentabilité à très court terme ;
- une structure qui doit capitaliser des actifs pour rassurer ses clients ;
- une entreprise innovante qui doit percer sur un marché peu concurrentiel ;
- une association qui souhaite mettre en place un nouveau type de service à la personne.

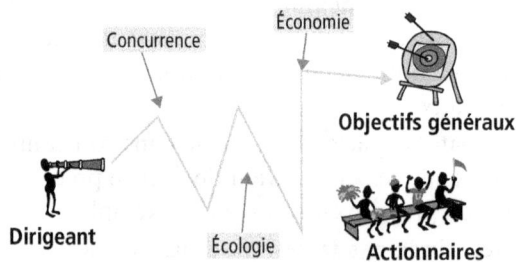

Figure 1 – Une savante équation entre les paramètres

Il sera, au final, assez difficile de définir ce qu'est une « bonne stratégie ». On pourrait dire que c'est celle qui satisfait tous les acteurs qui ont un lien direct ou indirect avec l'entreprise. Mais, là encore, c'est une vraie difficulté, parce que si on est systémique, la liste peut être très longue :

- les actionnaires ;
- le dirigeant ;
- les cadres ;
- les collaborateurs ;
- les services d'état (Urssaf, fisc...) ;
- la collectivité locale où se trouve l'entreprise ;
- la concurrence ;
- les sous traitants...

Finalement, tous sont concernés par la stratégie développée :

- les actionnaires, par la rentabilité qu'ils peuvent attendre de la mise en œuvre de la stratégie, rentabilité à court, moyen ou long terme ;
- le dirigeant, qui sera évalué à la fois sur sa capacité à construire cette stratégie et à la piloter jusqu'à son terme ;
- les cadres ; qui vont être les acteurs et pilotes des projets qui découlent de la stratégie ;
- les collaborateurs, qui vont adhérer ou non à cette stratégie et participer à sa mise en œuvre ;
- l'État, en tant que contrôleur et régulateur afin que la stratégie mise en œuvre respecte les règles communes ;
- la collectivité locale, pour la préservation des emplois par exemple ;
- la concurrence, qui va subir ou bénéficier de la stratégie mise en œuvre ;
- les sous-traitants partenaires, comme le banquier ou l'expert-comptable, mais aussi les sous-traitants experts qui vont bénéficier des évolutions de l'entreprise.

Les différents acteurs sont plus ou moins proches de la stratégie dans la mesure où ils peuvent y contribuer (la construire ou la mettre en œuvre) ou la subir (favorablement ou défavorablement).

Un acteur essentiel n'est pas encore cité, c'est le client de l'entreprise ; c'est celui qui va utiliser les produits ou services fabriqués par l'entreprise. Il représente le « marché » c'est-à-dire la capacité à « acheter » les produits ou services de l'entreprise.

Déterminer une bonne stratégie, c'est finalement offrir aux clients de l'entreprise les produits et services qu'ils attendent, donc qu'ils sont prêts à acheter, tout en satisfaisant les acteurs qui participent à la réalisation de cette stratégie.

Beau challenge et équation très complexe…

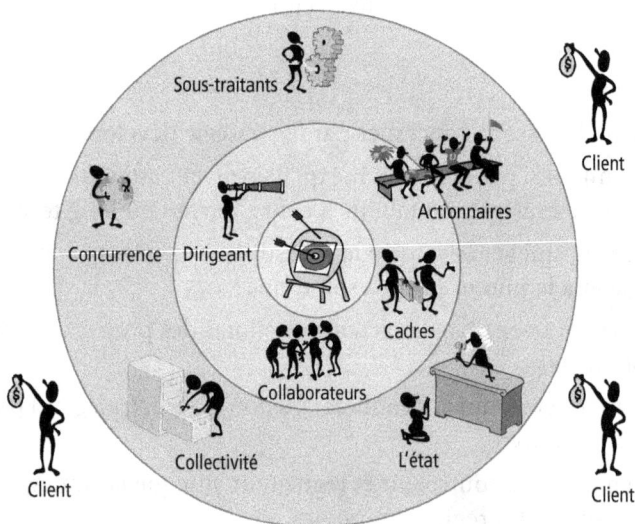

Figure 2 - Les 3 cercles

À quoi cela sert-il de définir une stratégie ?

Aucune chance d'arriver au port de destination si on ne sait pas vers quel « port » l'on va… Lapalissade et évidence qui ne se traduit pas dans les faits par une réalité opérationnelle applicable. En effet, les acteurs qui vont directement contribuer à la réussite du voyage doivent en comprendre la tonalité, l'esprit, l'organisation, la déclinaison si nécessaire. En clair, une stratégie doit être partagée !

Mais comment faire partager une stratégie si elle émane de l'assemblage complexe de multiples paramètres qui tendent à essayer de satisfaire tous les acteurs des trois cercles, ou si elle est tellement « fumeuse » que personne n'y comprend rien, ou tellement large que tout le monde peut y comprendre quelque chose mais qu'il n'y a rien de commun à tous ?

Le point de départ d'une bonne stratégie c'est la capacité du dirigeant à traduire la stratégie qu'il se propose d'adopter en « vision ». La vision, c'est la capacité à formuler la stratégie dans une phrase courte porteuse de symboles forts où tous les acteurs (ou au minimum ceux du premier cercle) vont pouvoir se retrouver.

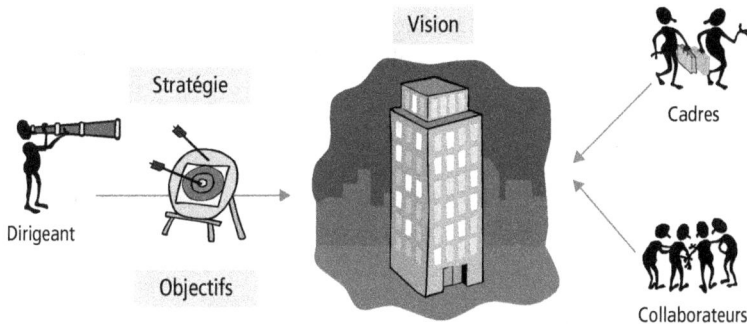

Figure 3 - Faire partager la vision

Pour qu'elle soit partagée, la vision doit être simple et fédératrice. On peut par exemple :

- devenir le leader européen sur un produit ou service ;
- doubler le nombre de magasins sur le territoire français ;

- faire de l'entreprise un modèle en matière de productivité en l'augmentant de 20 % sur l'ensemble des produits ou services ;
- prendre 50 % des parts de marché...

La grosse difficulté de l'exercice, c'est que la vision n'est pas forcément un objectif au sens projet du terme (mesurable, réaliste, partagé, négocié, individualisé).

Même s'il est souhaitable que la vision soit partagée par le plus grand nombre d'acteurs dans l'entreprise, il n'est pas nécessaire qu'elle le soit immédiatement. On ne décrit pas une stratégie et sa vision associée pour « faire plaisir » mais pour répondre au difficile équilibre des besoins des acteurs des trois cercles.

Ainsi, le plus important dans un premier temps, c'est que la vision soit comprise, et seulement dans un second temps, qu'elle soit partagée. La méthode qui consiste donc à décliner une stratégie dans une vision qui soit tellement complexe qu'elle en soit incompréhensible ou tellement « politique », qu'elle en soit obscure ou mensongère, ne fonctionne pas à long terme.

Enfin, la vision ne doit pas être seulement financière... et si elle l'est aux yeux des actionnaires, elle ne doit pas être déclinée de cette manière aux cadres et collaborateurs. « Doubler son chiffre d'affaires en cinq ans », par exemple, ne mobilise que celui qui va toucher les dividendes de cette progression...

La stratégie permet aux acteurs de l'entreprise de connaître le port de destination et le chemin à parcourir pour y aller. Ce chemin est dans un premier temps général, avec les destinations intermédiaires, puis devient détaillé dans sa déclinaison : c'est la partie tactique.

Qu'est-ce qu'un plan stratégique ?

Un plan stratégique est un document qui contient tous les éléments décrivant la stratégie globale de l'entreprise pour une durée donnée. Cette durée peut être variable mais reste généralement inférieure ou égale à cinq ans, dans la mesure où il est actuellement difficile de prévoir les changements de l'environnement à long terme.

Le plan stratégique constitue donc une programmation des grandes étapes à réaliser. Le document peut contenir un certain nombre d'éléments comme :

- un rappel historique de l'entreprise ;
- les éléments du contexte ;
- la présentation de la vision ;
- la mission générale de l'entreprise ;
- les défis à relever ;
- les objectifs à atteindre ;
- les projets permettant d'atteindre les objectifs ;
- le regroupement des projets en portefeuilles.

Ce document est essentiel parce qu'il constitue la base de tout le travail sur les portefeuilles de projets. Ce document doit être accessible dans sa forme, et aussi dans le fond afin que chaque acteur de l'entreprise puisse le connaître, le comprendre, l'assimiler. Il doit être associé à une présentation en face-à-face faite par le dirigeant. Cette présentation conditionne la réussite du plan et l'adhésion des acteurs de l'entreprise.

Beaucoup de plans stratégiques échouent non pas parce que leur contenu n'est pas bon mais parce que leur rédaction, leur présentation, leur communication ne sont pas bonnes. Quelques exemples de ce qu'il ne faut pas faire :

- rédiger une plaquette synthétique qui ne contient aucune information opérationnelle ;
- rédiger un document trop complet contenant des informations non accessibles par tous, trop complexes, trop techniques ;
- envoyer le document aux collaborateurs par mail sans commentaires oraux ;
- rédiger un document trop politiquement correct ;
- mélanger tous les éléments du document sans aucune structuration ;
- ne pas prendre la responsabilité du document, ne pas signer le document ;

- présenter le document à une partie seulement des collaborateurs de l'entreprise;
- mettre trop de temps entre le moment de l'élaboration et la mise en œuvre effective (plus de trois mois);
- laisser la communication du plan aux cadres.

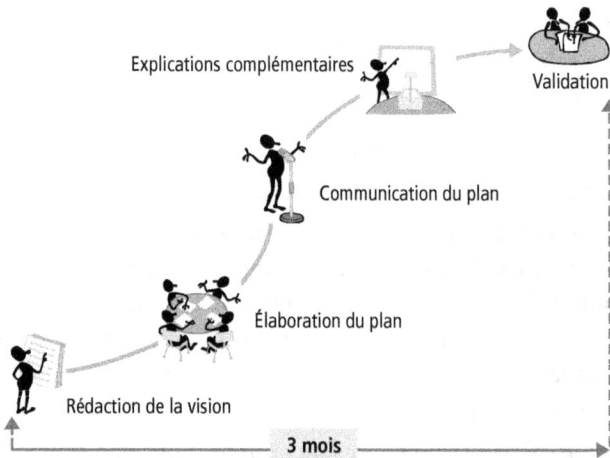

Figure 4 - Construire et communiquer

La mise en place du plan comprend plusieurs étapes.

La rédaction de la vision

Réalisée par le dirigeant, c'est un travail solitaire qui demande du recul. Cette rédaction est faite à partir des éléments du contexte et des différentes études pouvant donner des éléments complémentaires ou de décision (études de marché, bilans de projets, études socio-économiques…).

L'élaboration du plan

Réalisée par le dirigeant et ses n-1, c'est un travail collaboratif qui consiste à décliner la vision en objectifs, en projets et à constituer les portefeuilles de projets.

La communication du plan

Réalisée par le dirigeant, et lui seul, elle consiste à expliquer à l'ensemble des collaborateurs les éléments du plan stratégique. Faite sous la forme d'une « grand-messe », cette communication est le point d'orgue de la phase de préparation du plan.

Les explications complémentaires

Sont réalisées par les cadres supérieurs à leurs collaborateurs pour réexpliquer certains éléments du plan qui n'auraient pas été compris. C'est une phase d'échange avec questions-réponses ouvertes, et non limitée dans le temps.

La validation

Consiste à faire reformuler, environ une semaine après les explications, la compréhension du plan stratégique par les collaborateurs. Cette phase permet, là encore, de donner des explications complémentaires mais aussi de connaître le positionnement (pour ou contre) des collaborateurs par rapport au plan.

Quelle est la récurrence d'un plan stratégique ?

Le plan stratégique est un acte récurrent sur un cycle allant de trois à cinq ans. Aujourd'hui, il est de plus en plus difficile de construire une stratégie à très long terme parce que la logique de l'urgence a pris le pas sur la logique de la « durabilité ».

Même si sur le plan « écologique » on parle de « durable », nos entreprises sont souvent jetables car :

- les clients sont volatils ;
- l'information circule très vite ;
- la logique de rentabilité prime avant tout ;
- les entreprises sont gérées par des financiers ;
- les actionnaires veulent des gains immédiats ;
- les cadres et managers ont des missions de courte durée.

Ainsi, les plans sont construits généralement sur des durées de trois ans, ce qui amène à les reconstruire dans cette récurrence. Il faut donc que la construction ne dure pas plus de six mois, au risque d'entamer sérieusement le potentiel de délai global du plan en cours.

Cette récurrence implique la maîtrise du sujet, de sa logique et des méthodes associées.

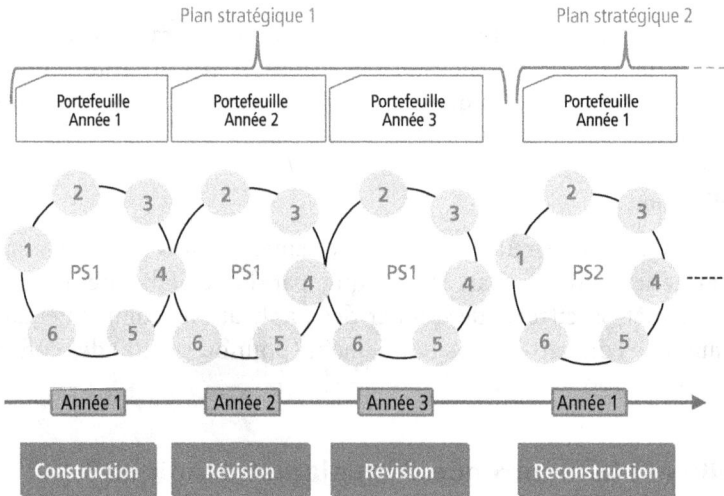

Figure 5 - Plans stratégiques

Le premier plan est le plus dur à construire pour des raisons de compréhension de la méthodologie, mais surtout par l'effort de communication nécessaire pour que tous les membres de l'entreprise comprennent le pourquoi et le comment de sa rédaction. C'est ce travail de communication initial qu'il ne faudra pas négliger sur la construction du premier plan.

Qu'est-ce qu'un plan tactique ?

Le plan tactique est la déclinaison temporelle du plan stratégique. Cette déclinaison est faite de manière annuelle. Le plan stratégique comprend les objectifs généraux de chaque année ; ces objectifs doivent être qualitatifs et quantitatifs. Avant le début de chaque année, le plan tactique de l'année est construit.

La construction du plan tactique dépend de plusieurs éléments :

- les objectifs énoncés dans le plan stratégique ;
- les objectifs atteints dans l'année n-1 ;
- les réajustements éventuellement opérés par le dirigeant ;
- les réajustements imposés par le contexte.

Si le plan stratégique est construit pour cinq ans il donnera ainsi lieu à cinq plans tactiques construits pour chaque année du plan.

Il n'appartient pas nécessairement au dirigeant de construire le plan tactique, cela peut être réalisé par les directeurs ou cadres supérieurs. En revanche, il appartient au cadre dirigeant de vérifier l'adéquation entre le plan stratégique et les plans tactiques.

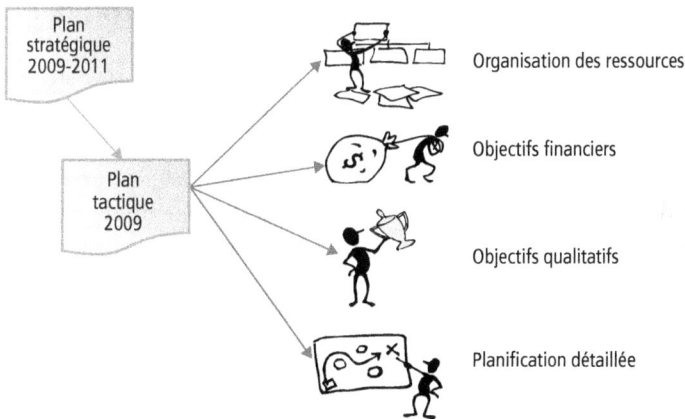

Figure 6 - Un contenu opérationnel

Le plan tactique contient donc un certain nombre d'éléments déclinés pour l'année :

- l'organisation des ressources qui est l'ensemble des ressources humaines, matérielles et financières disponibles ou à mettre en place pour réaliser l'année ;

- les objectifs financiers qui sont les chiffres d'affaires, les marges nettes et brutes à réaliser par les différentes unités opérationnelles ;
- les objectifs qualitatifs qui sont les produits et services à concevoir, lancer et fabriquer pour atteindre les résultats financiers. Ce peut être aussi la mise en place de processus internes dans le but d'améliorer la qualité de l'organisation ;
- la planification détaillée qui comporte tous les documents de cadrages des projets qui vont être lancés dans l'année du plan tactique. Ce sont, par exemple, des notes de cadrage, des budgets de projet, des plannings détaillés.

Le plan tactique reste un document opérationnel qui constitue la feuille de route des cadres qui vont le mettre en œuvre. Il prévoit aussi la planification générale des réunions de suivi du plan tactique.

Comment s'articulent la stratégie et la tactique ?

Tout est une histoire de timing ! C'est le secret de la réussite du plan stratégique. Il faut par ailleurs synchroniser le planning sur les exercices fiscaux de l'entreprise. Le plus facile à mémoriser c'est lorsque l'exercice fiscal est calé sur l'année civile. Il faut, d'autre part, ne prendre aucun retard dans le lancement des différents plans stratégiques et tactiques ; ce qui nécessite de l'anticipation, notamment lorsque le premier plan est construit.

Prenons l'exemple d'un plan stratégique à mettre en œuvre sur trois ans et sur les années 2009-2010-2011. Le planning général devra être :

- septembre à novembre 2008, construction et communication du plan stratégique 2009-2011 :
  - décembre 2008, construction et communication du plan tactique 2009 ;
  - décembre 2009, construction et communication du plan tactique 2010 ;
  - décembre 2010, construction et communication du plan tactique 2011.

• septembre à novembre 2011, construction et communication du plan stratégique 2012-2014 :
  – décembre 2011, construction et communication du plan tactique 2012 ;
  – etc.

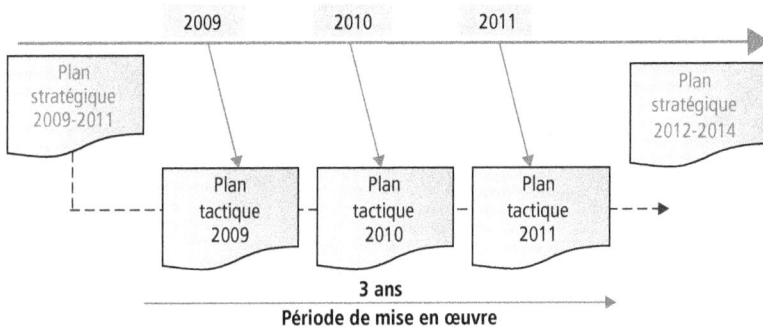

Figure 7 - Plan stratégique 2009-2011

Cette mécanique est d'autant plus efficace qu'elle est rodée et que les acteurs de l'entreprise comprennent comment elle est construite.

La mise en place du premier plan stratégique peut faire l'objet d'une formation qui va expliquer les objectifs et les mécanismes facilitateurs (réunions, présentations, méthodes et outils).

Cet exercice pédagogique devra être répété, notamment de manière annuelle pour permettre à l'ensemble des collaborateurs de rester connectés avec les objectifs généraux de l'entreprise. Il ne s'agit pas de faire une formation tous les ans mais de réexpliquer le fonctionnement du plan stratégique et des plans tactiques associés.

Le relais essentiel reste dans les cadres qui doivent non seulement avoir la compréhension nécessaire, mais aussi la pédagogie pour expliquer et réexpliquer le fonctionnement global et détaillé de tout le système.

La représentation dans le temps de ces échéances doit être expliquée, les points de communication doivent être précisés et respectés afin que l'ensemble soit crédible. Dans les faits, la bonne marche du plan stratégique et des plans tactiques tient dans l'implication du dirigeant et des cadres qui ne doivent « rien lâcher ». La capacité à tenir la distance est une force importante et un des facteurs de réussite.

Il est peut-être nécessaire d'employer d'autres termes que « stratégie » et « tactique » pour se rapprocher du vocabulaire de l'entreprise. Ainsi, peut-on parler de projet politique, schéma directeur, plan de développement, etc.

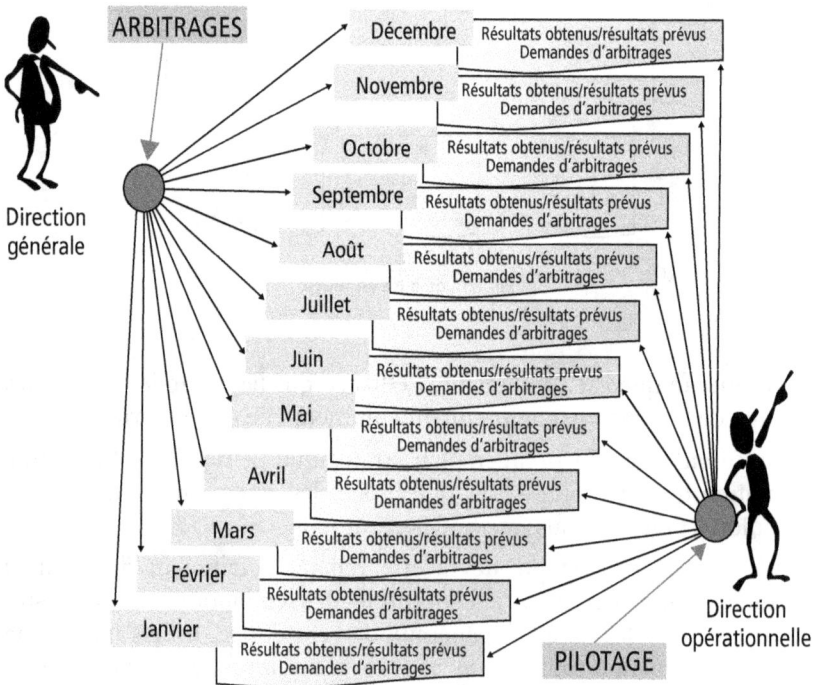

ARBITRAGES

Direction générale

Décembre — Résultats obtenus/résultats prévus / Demandes d'arbitrages

Novembre — Résultats obtenus/résultats prévus / Demandes d'arbitrages

Octobre — Résultats obtenus/résultats prévus / Demandes d'arbitrages

Septembre — Résultats obtenus/résultats prévus / Demandes d'arbitrages

Août — Résultats obtenus/résultats prévus / Demandes d'arbitrages

Juillet — Résultats obtenus/résultats prévus / Demandes d'arbitrages

Juin — Résultats obtenus/résultats prévus / Demandes d'arbitrages

Mai — Résultats obtenus/résultats prévus / Demandes d'arbitrages

Avril — Résultats obtenus/résultats prévus / Demandes d'arbitrages

Mars — Résultats obtenus/résultats prévus / Demandes d'arbitrages

Février — Résultats obtenus/résultats prévus / Demandes d'arbitrages

Janvier — Résultats obtenus/résultats prévus / Demandes d'arbitrages

Direction opérationnelle

PILOTAGE

Figure 8 - Système décisionnel et opérationnel

Le plan tactique doit être piloté et arbitré par une mécanique mensuelle qui permet son réajustement dans le cadre du plan stratégique.

Tous les mois, les responsables opérationnels font le point sur ce qui était prévu et sur ce qui a été réalisé, présentent ce point à la direction générale avec les questions qu'ils n'ont pas pu résoudre car la mise en place des solutions sort de leur champ de pouvoir.

La direction générale effectue les arbitrages en consolidant les données ; ces arbitrages sont d'autant plus faciles que le plan tactique a fixé les points de passage.

Ces réunions doivent être courtes (moins de deux heures) et opérationnelles pour ne pas alourdir le processus et provoquer de lassitude. Elles ont aussi pour objectif de communiquer les activités des autres directions opérationnelles ; elles permettent ainsi la mise en place de la transversalité dans l'entreprise.

Qu'est-ce qu'un portefeuille de projets ?

Un portefeuille de projets est une liste « vivante » de projets contribuant à un même but. Le nombre de portefeuilles de projets est directement dépendant de l'entreprise. En effet, si l'entreprise est une PME de cinq personnes, il est vraisemblable que le portefeuille sera constitué d'une dizaine de projets, petits et grands, qui contribueront directement à l'atteinte des objectifs généraux du plan stratégique.

Ce nombre donne un ordre d'idées à la fois du nombre maximal de projets envisageables par une organisation – on parle ici par exemple de dix projets par an pour cinquante personnes au maximum –, mais aussi de la façon dont on décide si un projet doit faire partie du portefeuille ou pas.

Il est souhaitable de séparer dans le portefeuille les projets dits « stratégiques » et les projets dits « opérationnels » :

• les projets stratégiques contribuent au développement de l'entreprise énoncé dans le plan stratégique ;

• les projets opérationnels sont indispensables à l'évolution normale de l'entreprise.

On pourrait aussi faire une classification en « projets innovants » et « projets de fonctionnement ».

Quelques exemples de projets stratégiques	Quelques exemples de projets opérationnels
– La conception et le lancement d'une nouvelle ligne de produits ou de services. – La délocalisation d'un site de production. – La mise en place d'un nouveau système d'information ayant de fortes répercussions organisationnelles. – La mise en place d'une nouvelle catégorie de compétences au sein de l'entreprise.	– Le lancement d'un nouveau produit dans une ligne déjà existante. – Le changement ou la rénovation d'une machine dans une unité de production. – Le remplacement d'un logiciel par sa nouvelle version avec des évolutions fonctionnelles mineures. – L'embauche de 20 % de personnes au sein d'une compétence déjà existante dans l'entreprise.

Les avantages de ce découpage du portefeuille en deux parties :

● le pilotage du portefeuille peut être confié à deux personnes ;

● les chefs de projet pourront être différenciés ;

● le niveau d'application de la conduite de projet pourra être différent ;

● les personnes impliquées dans les comités de pilotage seront plusieurs.

Les inconvénients de ce découpage du portefeuille en deux parties :

● les projets opérationnels pourraient être considérés comme mineurs et l'allocation de ressources à ces projets être amoindrie ;

● la méthode de conduite de projet pourrait être moins respectée au niveau des projets opérationnels ;

● la consolidation entre les deux types de projets peut être rendue difficile s'ils sont pilotés différemment.

Un portefeuille doit rester à « taille humaine » ; s'il contient plus de cinquante projets, il doit être décomposé afin de pouvoir être géré. Imaginez que vous ayez la totalité de l'argent liquide de votre salaire dans votre porte-monnaie au début de l'année et sans aucune ventilation en fonction des dépenses, cela risque d'être « lourd à porter » et les arbitrages ne seront pas faciles… il vaudrait peut-être mieux alors décomposer tout cet argent en « rubriques de dépenses », en constituant une enveloppe pour chaque rubrique, puis séparer les enveloppes entre les « dépenses incontournables » et les « dépenses optionnelles ». Un portefeuille doit être simple, fonctionnel et compris par tous.

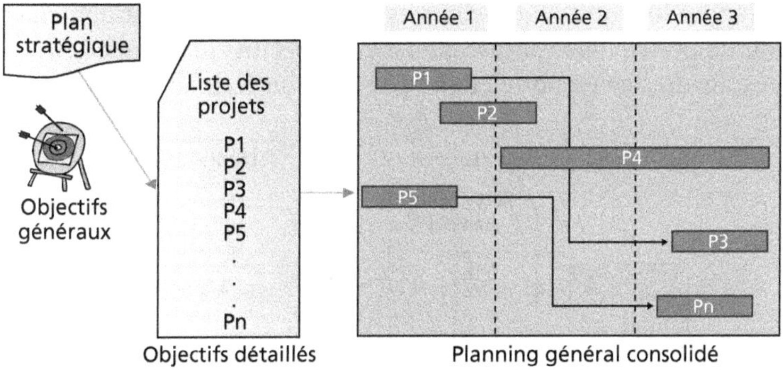

Figure 9 - La déclinaison opérationnelle du plan

Le portefeuille doit être piloté avec un tableau de bord. Le principal tableau de bord est le planning consolidé des projets du portefeuille. Il permet de voir comment les projets se placent dans le planning global du plan stratégique, mais aussi comment s'articulent les projets entre eux.

Les différents tableaux de bord de pilotage d'un portefeuille peuvent être :

• le planning consolidé ;
• la charge consolidée ;
• le budget consolidé.

Quels sont les types de portefeuille ?

Au-delà du découpage en deux catégories de projet (stratégique et opérationnel), on trouve généralement dans les grandes entreprises des portefeuilles de projets qui sont plutôt découpés suivant les grandes fonctions de l'entreprise :

• systèmes d'information ;
• ressources humaines ;
• comptabilité-finance ;
• marketing ;
• commercial ;
• production…

Ces grandes fonctions étant confiées à des directions, il est donc logique d'avoir un portefeuille par direction. On a alors un portefeuille général qui est ensuite décliné en portefeuilles par fonction et donc par direction.

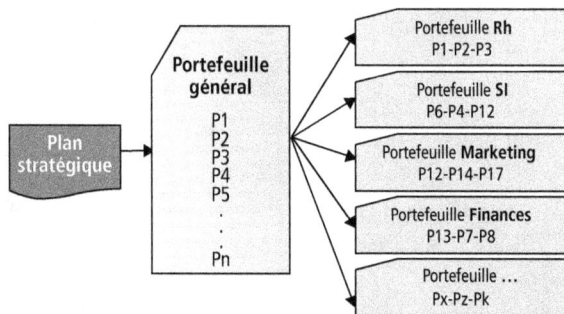

Figure 10 - Les différents types de portefeuille

Le grand danger de ce type de décomposition est d'avoir une gestion différenciée en matière de gestion des projets par type de portefeuille. Cette gestion différenciée est liée à l'autonomie donnée aux directions dans leur mode de conduite de projet.

Si chaque direction a une liberté de moyens, par exemple en fonctionnant en centre de profits, elle va avoir tendance à « acheter » ou « construire » ses propres méthodologies. Si les projets sont gérés différemment d'un portefeuille à un autre, cela voudra dire que les tableaux de bord seront différents suivant les portefeuilles. Si les tableaux de bord sont différents, on ne pourra pas consolider ni comparer les portefeuilles entre eux.

Par exemple, les projets SI sont gérés avec la méthode X et les projets RH avec la méthode Z. Chacune des méthodes aura une matrice pour construire le budget du projet, la ventilation des coûts dans le budget sera différente ; il ne sera donc pas facile de faire des consolidations des coûts de même type entre deux portefeuilles différents.

Cette hétérogénéité est liée à une incompréhension des directions générales sur le pouvoir d'une méthodologie en matière de management et à un déficit de leadership et de règles communes. Imaginez trois lieutenants commandés par un capitaine qui emploient sur le terrain de bataille des méthodes différentes pour communiquer avec le capitaine... ce dernier va passer son temps à ajuster les données des uns et des autres pour essayer de les consolider afin de déterminer une stratégie commune.

Pourquoi mettre en langage commun au niveau du portefeuille ?

Il est essentiel d'avoir un langage commun parce qu'il apporte beaucoup de gains à tous les niveaux :

* au niveau d'un projet :
  – il permet à tous les acteurs qui participent au projet de se comprendre, d'utiliser les mêmes outils pour faire les mêmes choses ;
  – il permet au chef de projet de fixer des jalons et des points de rencontre communs à tous.
* au niveau du portefeuille de projets :
  – il permet de comparer les projets entre eux, de consolider les éléments de pilotage (budget, charge, planification) ;
  – il apporte une cohérence et permet les arbitrages entre les ressources des différents projets.
* au niveau de l'entreprise :
  – il permet de consolider les portefeuilles entre eux pour vérifier que la stratégie globale de l'entreprise est bien respectée ;
  – il donne ainsi une grille de lecture de ses objectifs stratégiques à la direction générale.

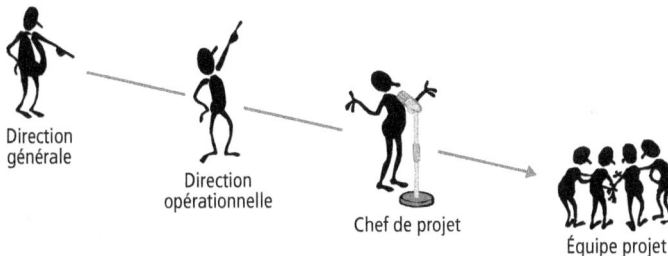

Direction générale

Direction opérationnelle

Chef de projet

Équipe projet

Figure 11 - Un langage commun pour tous

La notion de « langage commun » est très importante et doit venir de la direction générale. C'est elle qui doit donner le ton et l'exemple. C'est un acte de management essentiel qui montre la volonté de la direction d'avoir une méthode commune et la partager.

L'implication dans ce processus de la direction va donner toutes les chances au projet d'uniformisation d'aboutir. Il pourrait dans ce cadre être intéressant que la direction soit porteuse d'un projet et qu'elle utilise elle-même la méthode préconisée pour conduire le projet.

On voit beaucoup trop de dirigeants imposer des méthodologies, des procédures, des manières de faire à leurs collaborateurs en s'octroyant le droit de ne pas les appliquer. Comment s'étonner alors que cela ne marche pas lorsque l'on bafoue des valeurs de base comme celles de l'exemple.

En quoi consiste le langage commun ?

Le langage commun est donné par la méthode de travail qui va être « imposée » ou proposée pour conduire les projets. La méthode est constituée d'un ensemble d'étapes prédéfinies qui vont permettre au chef de projet de conduire les projets qui vont lui être confiés.

Le problème qui se pose est le suivant :

- les projets ne sont pas de même nature technique ;
- les méthodes pour fabriquer les « résultats » doivent être différentes.

On ne peut donc pas avoir de vrai langage commun à tous les projets.

Il faut pour cela analyser ce qu'est un projet et le décomposer en deux parties, une partie organisationnelle et une partie technique. En effet, pour réussir un projet deux questions essentielles doivent être posées :

- comment faire pour fabriquer le résultat ?
- comment faire pour organiser le projet ?

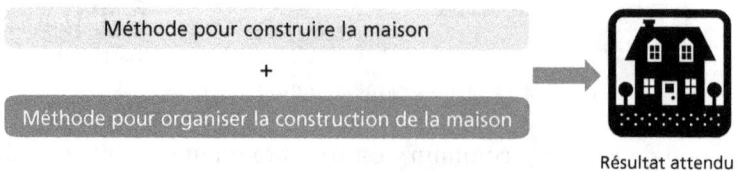

Méthode pour construire la maison

+

Méthode pour organiser la construction de la maison

Résultat attendu

Figure 12 - Les 2 méthodes pour arriver au résultat

Si on prend les projets suivants :

- construire une maison ;
- mettre en place un plan de formation ;
- mettre en place un référentiel de compétence ;
- optimiser une organisation ;
- développer une nouvelle version d'un logiciel ;
- lancer un nouveau produit…

les étapes des différentes méthodes « techniques » pour fabriquer le résultat final seront évidemment bien différentes. Mais si on parle d'organisation du projet et qu'il faut choisir une méthode pour « organiser le projet », on trouvera toujours les mêmes thématiques, à savoir :

- comprendre quel est le besoin ;
- définir des objectifs opérationnels au projet ;
- définir les rôles des acteurs dans le système projet ;
- organiser la communication ;
- construire la planification ;
- définir un budget ;
- analyser les risques ;
- mettre à jour la planification en phase de suivi ;
- assurer des actions de reporting vers les acteurs du projet ;
- faire le bilan du projet…

toutes ces étapes organisationnelles seront identiques quel que soit le sujet technique du projet. Alors, pourquoi ne pas profiter de ces éléments organisationnels pour définir le langage commun. ? Le langage commun est donc établi à partir de tous les actes de gestion et d'organisation du projet.

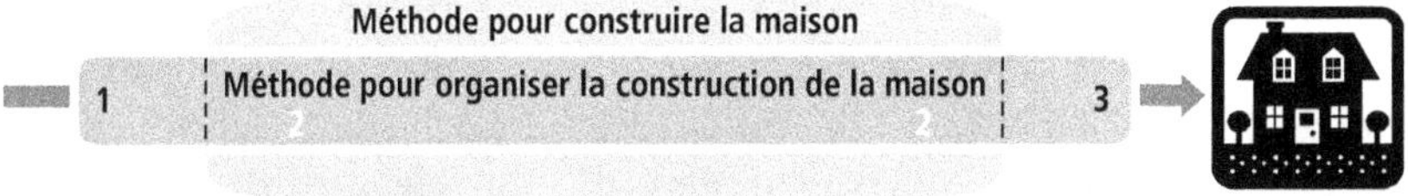

Figure 13 - Assembler les 2 méthodes dans le temps

Les deux méthodologies vont s'assembler dans le temps. Ainsi, va-t-on :

1) Commencer par s'organiser, c'est la préparation :
- comprendre la commande ;
- cadrer les objectifs ;
- organiser l'équipe ;
- planifier ;
- organiser la communication ;
- analyser les risques.

2) Continuer pendant la réalisation avec le pilotage :
- mettre à jour le planning ;
- mettre à jour le budget ;
- vérifier la livraison des différents « lots de travaux » ;
- informer les acteurs décisionnels de l'avancement ;
- demander des arbitrages ;
- informer les acteurs opérationnels des décisions ;
- mettre à jour le dossier du projet.

3) Finir le projet avec le bilan :
- faire un bilan technique ;
- faire un bilan organisationnel ;
- faire un bilan humain ;
- décider de ce qui peut être capitalisé ;
- communiquer que ce qui peut être capitalisé.

Le langage commun représenté par la méthodologie de conduite de projet va donc être une succession d'étapes avec une modélisation associée qui permettra au chef de projet de suivre le chemin sous la forme d'une check-list.

Les fiches de conduite de projet vont être assemblées avec les fiches de la méthode technique, ce qui permettra au final de fabriquer des méthodologies qui seront spécifiques aux portefeuilles de projets de l'entreprise.

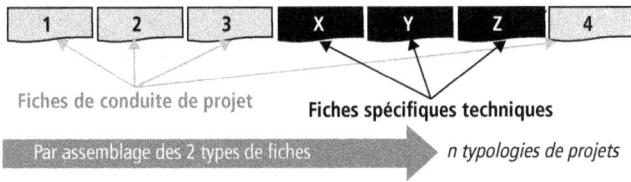

Figure 14 - Assembler les fiches méthode

On pourra trouver, par exemple, les méthodes suivantes déclinées par typologie :

• méthode pour conduire les projets systèmes d'information ;
• méthode pour conduire les projets ressources humaines ;
• méthode pour conduire les projets immobiliers ;
• méthode pour conduire les projets marketing ;
• méthode pour conduire les projets commerciaux ;
• etc.

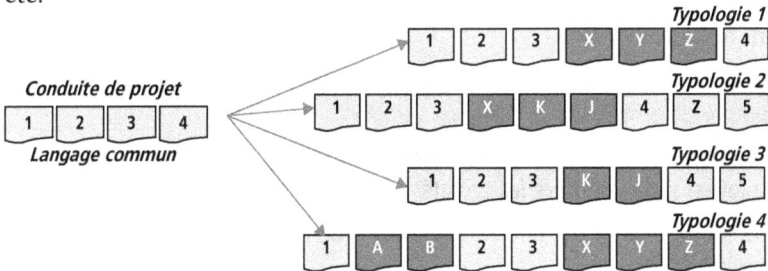

Figure 15 - Définir des typologies de méthodes et de projets

Même si la conduite de projet constitue le langage commun, ce langage commun peut être adapté. En effet, certains projets ne nécessiteront peut-être pas un niveau de planification détaillé aussi fin que d'autres ; ce peut être la même chose pour le budget. On peut définir ce que l'on appelle un « chemin minimal de conduite de projet », qui est en fait les n fiches méthodologiques « obligatoires » qui doivent être appliquées quelle que soit la typologie du projet ou quelle que soit sa taille, et des fiches de conduite de projet qui sont « optionnelles » ou dédiées à certaines typologies de projet.

Le travail de la direction générale est donc de faire établir ce «chemin minimal», puis de le communiquer à toutes les personnes et d'en contrôler l'application. Il est très difficile de faire ce travail en interne car il nécessite:

- du recul pour ne pas favoriser une typologie de projet;
- une force de proposition de solutions méthodologiques différentes pour atteindre à un chemin optimal;
- un refus des luttes d'influence internes qui vont imposer tel ou tel chemin;
- la capacité à différencier ce qui est du domaine de l'organisation du projet de ce qui est du domaine de la technique.

La mise en place d'un langage commun est typiquement une mission qu'il faut confier à un cabinet de conseil spécialisé en conduite de projet et qui est suffisamment transversal (qui travaille avec des métiers très différents) pour ne pas s'enfermer dans une logique technique.

Les étapes de construction d'un langage commun, appelé référentiel, sont les suivantes:

1) Faire un point avec la direction générale pour savoir ce qu'elle attend de la conduite de projet.

2) Interviewer un échantillon représentatif de chefs de projet sur les méthodes employées pour conduire les projets.

3) Interviewer un échantillon représentatif de membres des équipes projets et experts métiers.

4) Analyser les résultats de plusieurs projets représentatifs.

5) Construire un diagnostic «points forts-points faibles» des méthodes de conduite de projet.

6) Communiquer ce diagnostic à la direction générale.

7) Construire la méthode commune de conduite de projet (référentiel) à partir de l'existant et des apports méthodologiques complémentaires.

8) Former un noyau dur de chefs de projet au référentiel.

9) Tester la méthode sur un projet pilote.

10) Réajuster la méthode.

11) Construire un plan de formation des chefs de projet au référentiel.

12) Construire un plan de communication sur l'implantation du référentiel.

13) Généraliser l'application progressive du référentiel à tous les projets.

14) Procéder tous les trois ans à l'ajustement du référentiel.

Quel est le vocabulaire du langage commun ?

Au-delà des simples étapes d'un langage commun (référentiel), il faut construire le « vocabulaire ». Ce vocabulaire est constitué par les outils qui vont être rattachés à la méthode.

Nous avons dans les objectifs d'établissement du portefeuille de projets une volonté de consolidation des données de chaque projet du portefeuille. Pour consolider les données, il faut qu'elles soient formatées de la même façon.

Il est facile de comprendre que si je souhaite avoir un budget de projet, que ce budget puisse être consolidé avec tous les projets d'un même portefeuille pour faire un budget du portefeuille. Et pour que tous les budgets des différents portefeuilles soient consolidés pour avoir le budget du plan stratégique, il est indispensable que tous les budgets utilisent les mêmes règles de calcul des coûts mais aussi les mêmes grilles de saisie.

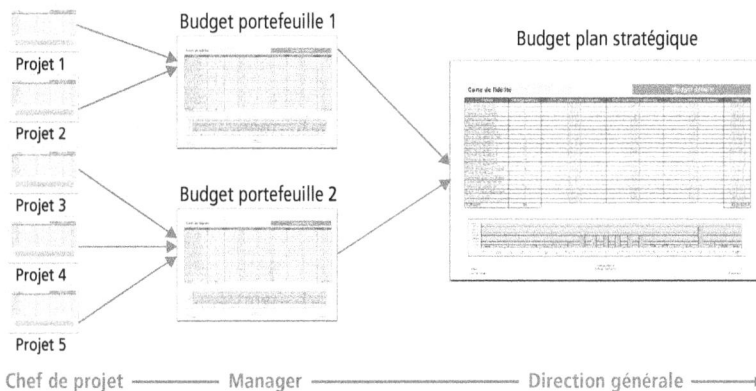

Figure 16 - La consolidation des budgets

Au-delà de la problématique même des outils communs, car il va falloir trouver un outil qui satisfasse tous les chefs de projets, il faudra aussi persuader l'ensemble des acteurs de se conformer à ces outils.

La réussite de la mise en place d'outils communs passe par :

- un plan de communication permettant d'expliquer l'intérêt de cette mise en place ;
- la construction d'outils qui restent synthétiques ;
- l'utilisation de grilles outils qui ne puissent pas être modifiées ;
- une saisie des informations simples ;
- pas de ressaisie des informations utiles au chef de projet.

La mise en place de grilles non modifiables dans un intranet dédié à la conduite de projet est de beaucoup préférable à la fourniture de matrices conçues sur des outils bureautiques (Excel, Word, Project, Power Point) facilement modifiables par les chefs de projet.

Selon le découpage présenté plus haut d'un projet en deux méthodes qui vont être assemblées (technique et organisationnelle), le langage commun va être construit aussi bien dans le domaine organisationnel que technique.

Le langage commun technique sera réalisé au niveau d'un portefeuille sous réserve que tous les projets d'un portefeuille soient de même nature. Le langage commun organisationnel sera réalisé au niveau de tous les projets à travers la méthodologie de conduite de projet.

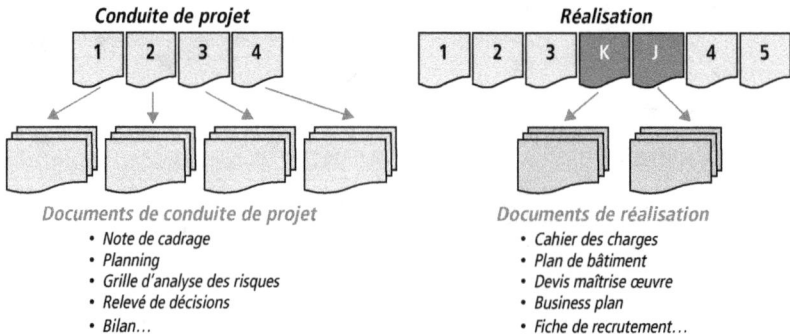

Conduite de projet

Réalisation

Documents de conduite de projet
- *Note de cadrage*
- *Planning*
- *Grille d'analyse des risques*
- *Relevé de décisions*
- *Bilan...*

Documents de réalisation
- *Cahier des charges*
- *Plan de bâtiment*
- *Devis maîtrise œuvre*
- *Business plan*
- *Fiche de recrutement...*

Figure 17 - Langages communs et outils

On peut ainsi constituer différents référentiels (méthodes) qui serviront à capitaliser les savoir-faire de l'entreprise :

• le référentiel commun de conduite de projet ;

• les référentiels techniques des différentes typologies de projet.

Un autre critère pourrait aussi être mis en place, c'est la taille du projet. En effet, il est nécessaire d'adapter les outils de conduite de projet à l'ampleur du projet de façon à ne pas ralentir les petits projets et à donner suffisamment de visibilité dans les grands projets.

Type de projet	Délai global	Charge	Budget	Organisation	Acteurs
Petit	Max 6 mois	Max 150 j×h	Max 150 000 €	Verticale	Max 10
Moyen	Max 1 an	Max 1 000 j×h	Max 1 000 000 €	Verticale-Transversale	Max 100
Grand	Max 3 ans	Max 10 000 j×h	Max 10 000 000 €	Transversale	Max 1 000

Cette typologie donne des ordres d'idées ; elle va avoir une incidence directe sur les outils, particulièrement sur le minimum « syndical » de chaque typologie de projet.

Cette classification met en évidence, notamment dans la mise en place de référentiels de savoir, ce qu'il faut privilégier en premier. Sachant que la mise en place d'un outil prend du temps (adhésion, appropriation, compréhension, consolidation…), on peut comprendre à travers le tableau suivant l'ordre dans lequel il est nécessaire de les implanter.

Petit projet	En plus pour projet moyen	En plus pour grand projet
Note de cadrage	Budget détaillé	Revue de projet
Bilan de projet	Grille de reporting	Note d'archivage
Plan de communication	Organigramme du projet	Fichier des acteurs
Grille d'analyse des risques	Fiches de poste	Note d'affectation du chef de projet
Compte rendu de réunion	Journal du projet	Macroplanning
Planning détaillé	Carte des partenaires	Grille des facilitants
Commande du commanditaire	Bilan intermédiaire	Fiche méthode

Cette classification n'a rien d'absolu mais elle donne dans l'ordre d'importance (en partant du haut à gauche du tableau) une idée des documents à mettre en place[1].

Quelles sont les organisations les plus performantes pour faire fonctionner un portefeuille ?

Le fonctionnement d'un portefeuille est lié à l'organisation de l'entreprise à plusieurs niveaux de management :

- la direction générale ;
- les directions opérationnelles ;
- les directions fonctionnelles ;
- le système de coordination des projets.

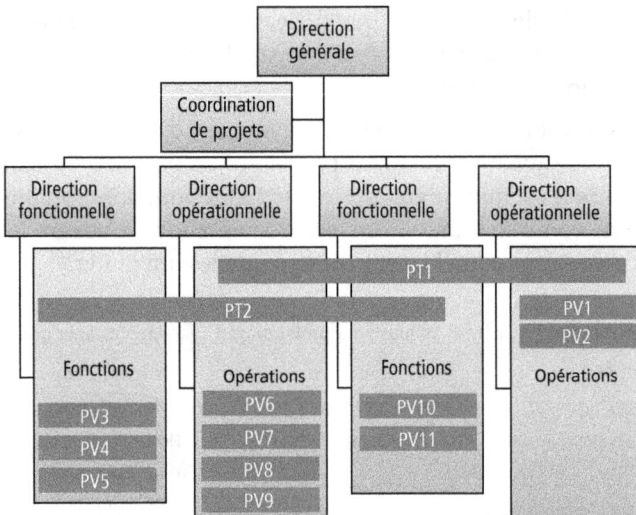

Figure 18 - Projets et organisation de l'entreprise

---

1. Vous pourrez trouver les matrices de ces outils sur CD ou sur le site de editions-organisation.com en faisant l'acquisition des ouvrages *Conduite de projet* et *Le kit du chef de projet* du même auteur.

Les projets peuvent être «verticaux», c'est-à-dire à destination d'un même «client», par exemple une direction ou un service ou transversaux, c'est-à-dire à destination de plusieurs directions ou services.

Il y a plusieurs manières de construire les portefeuilles de projets, mais aucune n'est idéale :

• première solution, les portefeuilles sont classés par thématique (SI, RH, marketing, commercial…) et c'est le directeur de chaque thématique qui est responsable de tous les projets de cette thématique :
  – cela assure une cohérence entre les projets d'une même thématique ;
  – la capitalisation technique est importante ;
  – la responsabilisation des directions ou services «clients» est moindre.

• seconde solution, les portefeuilles sont classés par direction et chacune d'entre elles est responsable de ses propres projets à son propre profit :
  – cela assure une bonne cohérence opérationnelle des projets entre eux ;
  – cela responsabilise les directions dans la gestion des projets ;
  – la cohérence globale entre les thématiques est altérée ;
  – la capitalisation se fait plus sur la gestion des projets que sur les aspects techniques.

Pour pallier ces déficiences, une cellule de coordination de projets est créée. Elle est rattachée à la direction générale et assure la cohérence en matière de conduite de projet. Elle permet, grâce à une juxtaposition de la première solution, de pallier en partie la déresponsabilisation des directions dans la gestion de leurs projets.

La coordination de projets peut être représentée par une seule et même personne qui peut avoir le rôle suivant :

• faire évoluer le ou les référentiels de conduite de projet ;
• mettre à jour l'intranet projet avec les différents documents émanant des projets ;
• valider la bonne application du référentiel auprès des chefs de projet ;
• consolider les données des différents projets pour la direction générale ;
• assister les chefs de projet dans la mise en œuvre de la conduite de projet.

Dans les évolutions normales de l'entreprise, il est nécessaire de «professionnaliser» le métier de chef de projet en mettant en place des chefs de projet «permanents», directement intégrés à la cellule, et qui seront chargés de porter à la demande les projets transversaux.

La professionnalisation des chefs de projet est un indicateur de maturité de l'entreprise en la matière, car cela indique que :

- l'entreprise est prête à faire des efforts financiers pour améliorer sa conduite de projet ;
- les dirigeants ont compris le bras de levier important de la conduite de projet pour mettre en œuvre la stratégie ;
- l'entreprise est prête à rémunérer des personnes dont la compétence n'est pas directement associée au métier de l'entreprise ;
- les dirigeants ont compris que ce sont les problèmes organisationnels et humains qui sont les plus importants à résoudre.

Néanmoins, la mise en place d'une telle organisation n'est pas toujours facile et il faut généralement juxtaposer une organisation des projets à une organisation existante. Il faut par ailleurs tenir compte des différentes évolutions de l'entreprise.

Les différentes organisations possibles peuvent être les suivantes et les incidences sur la gestion du ou des portefeuilles sont différentes.

On peut différencier six grands types d'organisation qui peuvent être combinés entre eux :

- très petite entreprise (TPE) ;
- petite et moyenne entreprise (PME) ;
- task-force ;
- direction des projets ;
- coordination des projets ;
- matricielle.

Type TPE

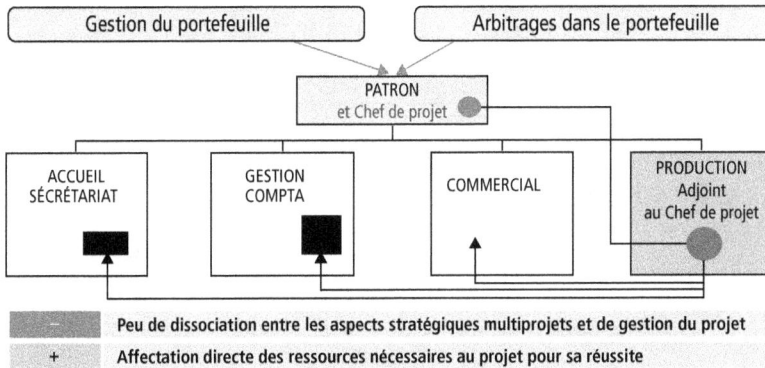

Figure 19 - Organisation de type TPE

L'organisation

C'est une organisation temporaire qui n'apparaît pas dans les faits tant elle est diluée dans l'organigramme de l'entreprise. Le patron est l'initiateur direct du projet et en même temps le porteur du projet. Comme il n'a généralement pas le temps il se fait aider par l'expert du sujet à qui il confie certaines tâches de gestion du projet mais sans lui donner les pouvoirs associés. Les ressources sont les collaborateurs directs de l'entreprise et généralement ceux qui assurent la production quotidienne et donc la survie financière de l'entreprise.

Du point de vue du portefeuille de projets

- On ne peut pas vraiment parler de portefeuille de projets parce que le nombre de projets est souvent très réduit.
- Les projets qui sont menés sont souvent très stratégiques et doivent être décomposés en sous-projets ; le rassemblement des sous-projets constituera alors le portefeuille.
- Les projets d'évolution structurelle de l'entreprise doivent faire partie intégrante du portefeuille ; ils sont souvent absents au profit des projets liés à l'expertise de l'entreprise.
- la toute- « puissance » du dirigeant est un facteur favorable à l'allocation de ressources mais défavorable à la prise de recul.

Type PME

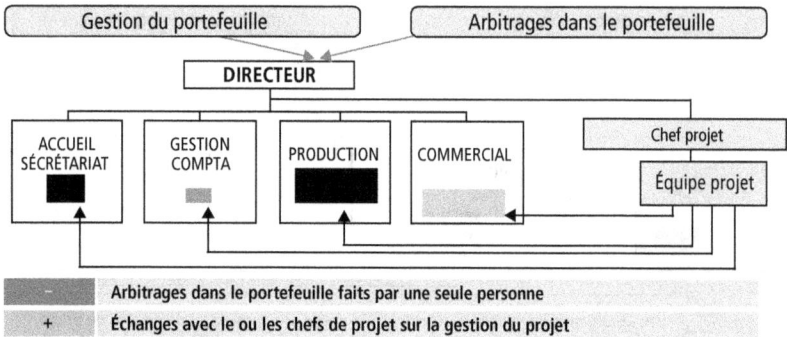

Figure 20 - Organisation de type PME

L'organisation

Cette organisation temporaire est créée pour chaque projet ayant suffisamment d'ampleur ou d'enjeu pour l'entreprise. Elle consiste à affecter de manière dédiée une personne à un sujet donné et délimité dans le temps. La personne nommée chef de projet est souvent le meilleur expert de l'entreprise s'il est possible de lui dégager du temps (plus de 50 %), ou un stagiaire « ingénieur » qui sera parrainé par l'expert de l'entreprise. Les tâches seront effectuées par les ressources vives de l'entreprise, ces mêmes ressources cumulant leur charge quotidienne avec la charge du projet.

Du point de vue du portefeuille de projets

L'existence réelle du portefeuille est liée au nombre de projets actifs à un instant t, donc au nombre de personnes portant ces projets.

La mise en place de stagiaires permet de rendre visibles les projets, la méthode commune mais aussi les actions de consolidation.

Les arbitrages peuvent comporter des éléments contradictoires qui agissent comme des régulateurs ; ces éléments viennent des chefs de projet.

Le dirigeant a plus de recul car il n'est pas impliqué directement dans la gestion des projets.

Type « task-force »

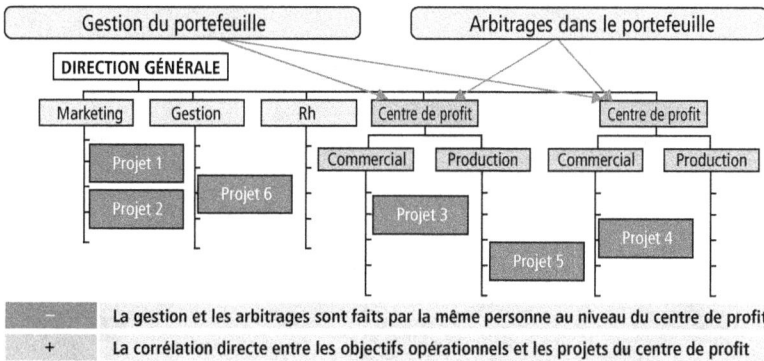

Figure 21 - Organisation de type « task-force »

L'organisation

Il s'agit au fur et à mesure des besoins de créer une organisation projet dédiée au sujet que l'on veut traiter. Le chef de projet est directement rattaché à son client-commanditaire.

L'organisation créée est éphémère et dure le temps du projet. Les ressources sont généralement volontaires, ce sont souvent les plus experts du sujet donné surtout si le sujet comporte un fort enjeu. Il n'y a aucune coordination entre les différents projets.

Du point de vue du portefeuille de projets

C'est la plus difficile à faire fonctionner dans une logique de portefeuille, parce que la disparité des liens hiérarchiques des chefs de projet ne favorise pas l'application d'une méthode unique.

A *contrario* c'est l'organisation la plus efficace « projet par projet », car chaque chef de projet est uniquement jugé sur ses résultats (objectifs du projet) et non pas sur la méthode employée.

La logique de portefeuille peut être confiée aux directeurs fonctionnels ou de centre de profit sous réserve que ceux-ci connaissent les techniques de conduite de projet et les appliquent. Il sera néanmoins généralement impossible de consolider les différents portefeuilles afin d'avoir une vue stratégique globale.

Type « direction des projets »

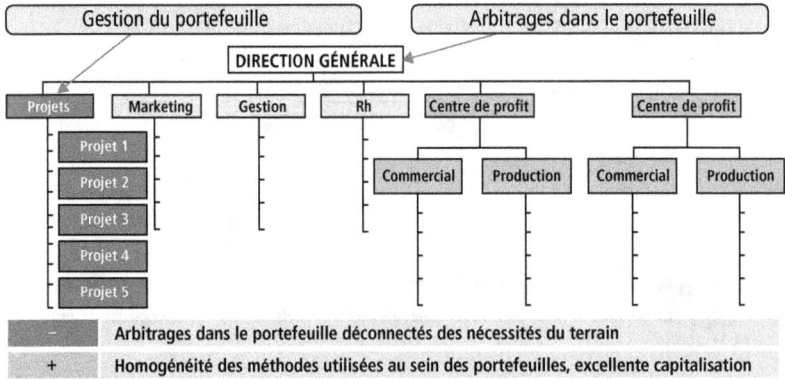

Figure 22 - Organisation de type « direction des projets »

L'organisation

Cette organisation consiste à mettre en place un service ou une direction dans l'entreprise qui comprend à la fois les chefs de projet et les ressources nécessaires à la réalisation des projets. Cette direction, ou ce service, peut être spécialisée dans un domaine d'expertise ou couvrir tous les domaines de l'entreprise. Plus l'entreprise est grosse plus elle est spécialisée.

Cette organisation se comporte comme une société de services à part entière à qui l'on commande (et parfois même on paye) des projets de différentes thématiques. Elle met en œuvre généralement une méthodologie qui lui permet d'évaluer la charge, et donc les coûts nécessaires à la réalisation des projets.

Les directions fonctionnelles actuelles ont tendance à évoluer vers ce type d'organisation, en mettant toute opération en mode projet, y compris les plus petites quitte à les alourdir avec une méthodologie trop complexe par rapport au sujet traité.

Du point de vue du portefeuille de projets

Très facile à mettre en œuvre du point de vue du portefeuille dans la mesure où la méthode est généralement unique.

La communication n'est pas nécessairement facile sur la consolidation des éléments du portefeuille parce que ces préoccupations peuvent paraître loin des nécessités opérationnelles du terrain.

Type « coordination des projets »

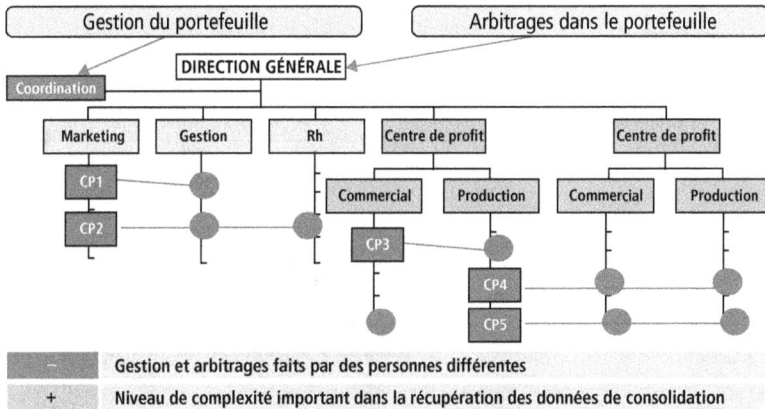

Figure 23 - Organisation de type « coordination des projets »

L'organisation

Cette organisation consiste à mettre en place un service constitué d'une ou de deux personnes et directement rattaché à la direction générale. Il a pour fonction de diffuser la « bonne parole » en matière de méthodologie, d'assister les chefs de projet en leur apportant de l'aide sur la mise en œuvre de la méthodologie, de capitaliser les éléments des projets au fur et à mesure de leur avancement et de consolider les données des projets pour avoir une vue générale.

Du point de vue du portefeuille de projets

Il existe dans cette organisation une vraie gestion de portefeuille dans la mesure où c'est le principal travail de la cellule de coordination.

Ce travail peut être fait dans des outils de type Intranet qui permettent de mettre à disposition des directions les informations sur les éléments consolidés.

Le responsable de la cellule doit être un expert de la conduite de projet qui a mené (et réussi) le pilotage de projets transversaux au sein de la structure.

Le responsable de la cellule ne doit pas porter lui-même des projets en tant que chef de projet.

Type «matricielle»

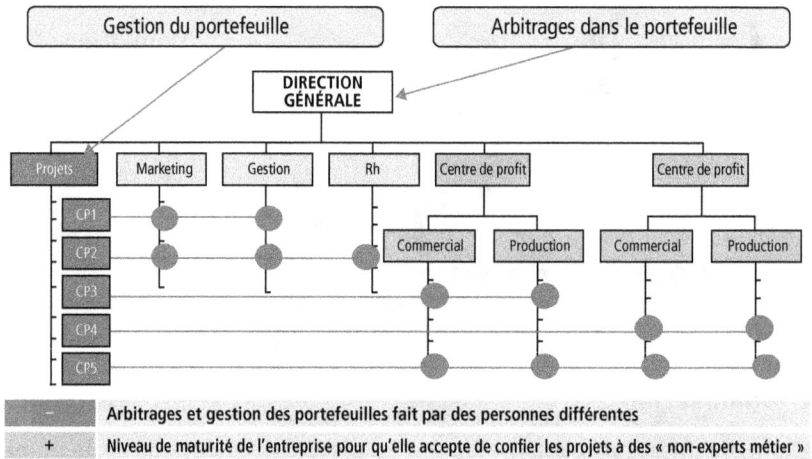

Figure 24 - Organisation de type «matricielle»

L'organisation

Cette organisation tente de combiner les avantages des trois organisations précédentes. On crée dans l'entreprise une cellule de coordination des projets qui contient un «gardien du temple» ou «project office». On introduit dans la cellule un certain nombre de chefs de projet «professionnels» qui sont formés à une même méthodologie et qui vont porter les projets commandés par les différentes directions. L'équipe projet et les ressources viennent des directions et sont assemblées par le chef de projet qui agit comme un chef d'orchestre pour atteindre les objectifs fixés dans la commande.

Du point de vue du portefeuille de projets

Organisation sans doute la plus performante mais qui nécessite beaucoup de moyens dans la mesure où il faut mettre des chefs de projet à plein-temps sur la conduite de projet.

Le « project office » a un double rôle, celui de manager de chefs de projet qui passent leur temps sur le terrain et celui de « gardien du temple » au niveau de la méthodologie.

Solution qui demande une grande légitimité à la fois de la cellule de coordination et des chefs de projet afin que les directions acceptent de confier leurs projets de développement à des personnes ayant un positionnement de « consultants internes ».

Qu'est-ce que l'opportunité ?

La notion d'opportunité est souvent associée au temps, c'est-à-dire est-il opportun de mettre en œuvre tel ou tel projet à un moment donné ? Cette vision des choses est particulièrement restrictive et est souvent synonyme de déficit de stratégie.

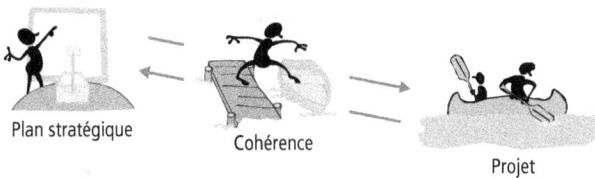

Plan stratégique   Cohérence   Projet

Figure 25 - Opportunité et stratégie

Un projet opportun est un projet qui est cohérent avec le plan stratégique. La recherche de l'opportunité n'appartient pas au chef de projet qui n'a pas à juger de l'opportunité. Il faut donc au moment de l'élaboration du plan stratégique et du portefeuille de projet inscrire des projets qui sont opportuns.

Si la vision n'est pas claire, si les objectifs généraux ne sont pas suffisamment définis, il sera difficile de décider de l'opportunité du projet. La recherche de l'opportunité est incluse dans « l'analyse stratégique ».

Qu'est-ce que la faisabilité?

La faisabilité est directement liée à l'adéquation entre les objectifs d'un projet. De fait, on pourrait penser que la faisabilité est uniquement présente avant le lancement du projet mais la faisabilité est présente dans un grand nombre d'étapes du projet.

Les étapes d'un projet devraient être les suivantes:

- étude d'opportunité: vérification de la cohérence du projet avec le plan stratégique;
- étude de faisabilité: vérification de la cohérence entre les objectifs du projet;
- étude préalable: premier affinage des objectifs;
- préparation du projet: deuxième affinage des objectifs;
- planification détaillée: troisième affinage des objectifs;
- pilotage: comparaison entre les objectifs prévus et les objectifs réalisés;
- bilan du projet: vérification de la manière dont on a atteint les objectifs.

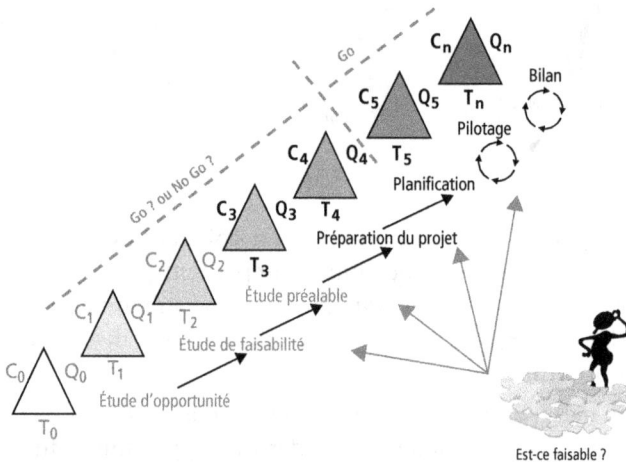

Figure 26 - La même question à plusieurs étapes

La faisabilité c'est l'équilibre qui existe entre les trois types d'objectif, le résultat attendu du projet (côté qualité), le temps pour obtenir ce résultat (côté temps), les ressources nécessaires pour réaliser ce résultat dans le temps donné (côté coût). Ces trois éléments s'assemblent dans le triangle de la performance. Un projet faisable c'est celui qui a un équilibre entre les trois côtés de ce triangle.

Ce triangle sert de base à toutes les étapes du projet, ainsi :

- l'étude d'opportunité nécessite de savoir au moins ce que l'on va faire (qualité) et d'évaluer si ce résultat apportera quelque chose sur le plan stratégique. Elle peut être complétée par la notion de calendrier, à quel moment on va le faire (temps) ;
- l'étude de faisabilité va nécessiter une première évaluation des ressources (coût) pour vérifier si l'équilibre entre la qualité, le temps et le coût est satisfaisant. À cette fin, il va falloir affiner chacun des côtés du triangle ;
- l'étude préalable va servir à travailler sur le côté qualité plus en profondeur, et notamment sur les spécifications fonctionnelles du produit ou service qui va être réalisé dans le projet. Cet affinage fera aussi varier les deux autres côtés du triangle ;
- la préparation du projet consiste à affiner les trois types d'objectifs (coût, qualité et temps) de façon à préparer la contractualisation du projet entre les différents partenaires ;
- la planification détaillée consiste à affiner au maximum le côté temps du projet, et cela nécessitera des arbitrages sur le côté qualité et sur le côté coût ;
- le pilotage consiste à comparer ce que l'on avait prévu sur les trois côtés avec ce qui est réellement réalisé, et à proposer des mesures correctives afin de rester dans les termes du contrat du projet ;
- le bilan sert à comparer le triangle initial avec le triangle réellement obtenu.

Une frontière apparaît cependant à la fin de la phase de planification. Avant cette frontière, il faut se donner toutes les chances d'arrêter le projet. En effet, il est moins traumatisant (et moins coûteux) d'arrêter un projet en phase d'étude que de l'arrêter lorsque l'on a commencé à « fabriquer » les résultats. L'impact sur les ressources humaines, et notamment sur la motivation sur les prochains projets, est très important si on arrête en cours de réalisation.

La notion même de faisabilité est présente et peut être posée à toutes les étapes amont au pilotage ; elle est de la responsabilité de la direction et des managers jusqu'à la fin de l'étude de faisabilité, puis de la responsabilité du chef de projet jusqu'à la fin de l'étape de planification.

Comment s'articulent faisabilité et opportunité ?

L'articulation est en fait loin d'être linéaire, c'est d'ailleurs le problème de la modélisation des étapes d'une méthode ; il existe des liens étroits entre toutes les étapes en amont du pilotage d'un projet. Ces étapes sont d'ailleurs souvent confondues dans un petit projet et réalisées par une seule et même personne. Néanmoins, il est au minimum nécessaire que l'étude d'opportunité et l'étude de faisabilité soient faites par les managers et que le reste soit piloté par le chef de projet.

Il n'appartient pas au chef de projet de juger de l'opportunité d'un projet ainsi que l'on imagine que les engagements qu'il va prendre sur l'atteinte des objectifs ne peuvent être pris que si le projet est réputé faisable.

La faisabilité et l'opportunité peuvent être conduites ensemble et par une seule personne et le reste des étapes peut être réalisé par le chef de projet.

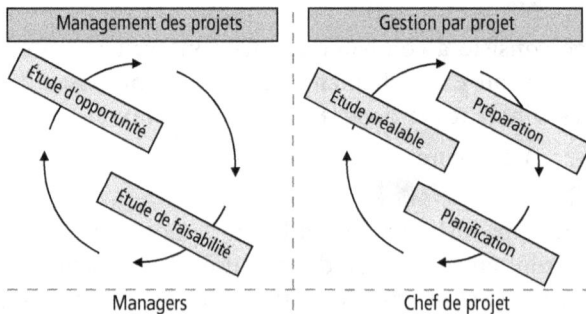

Figure 27 - Management des projets – Gestion par projet

Les itérations peuvent être nombreuses entre les différentes étapes mais il faut s'efforcer de les distinguer formellement sinon les responsabilités ne seront pas claires, ce qui générera de nombreux problèmes par la suite dans le fonctionnement du projet.

Cette acceptation permanente d'investir du temps en amont pour en gagner après reste souvent du domaine du discours. Les projets sont souvent des moyens pour avancer à titre personnel dans l'entreprise :

- la direction générale qui a pris des engagements vis-à-vis des actionnaires et qui doit dans un temps très court (deux ans souvent…) mettre en œuvre des projets pour traduire concrètement la stratégie proposée ;
- les directeurs fonctionnels et opérationnels qui ont la responsabilité des portefeuilles de projets qui doivent appliquer la stratégie de la direction générale dans leur champ métier ou décisionnel ;
- les chefs de projet qui engagent leur crédibilité (et leur poste…) dans leur capacité à faire réussir le projet.

Les intérêts personnels à faire aboutir les projets entraînent un masquage de la réelle faisabilité et opportunité à mettre en place des projets, si bien que la « politique de l'autruche » devient une règle de fonctionnement et l'on entraîne l'entreprise dans des engagements de ressources (humaines, financières et matérielles) sans chance que cela serve réellement à son développement donc à sa pérennité.

Il est nécessaire de comprendre que toutes les étapes amont à la phase de pilotage sont des « chances » d'arrêter à temps le projet, et qu'elles devraient servir à stopper un minimum de 30 % des intentions initiées dans la construction du plan stratégique.

Qu'est-ce qu'une étude préalable ?

L'étude préalable fait partie intégrante du projet et c'est donc le chef de projet qui va la mener. L'étude préalable fait suite à l'étude d'opportunité et à l'étude faisabilité, le chef de projet va donc récupérer un certain nombre d'éléments émanant de ces deux études à savoir :

- une description sommaire du résultat à atteindre qui peut se traduire par un cahier des charges général donnant la description des grandes fonctionnalités du produit ou du service attendu ;

- un début de planification donnant des éléments sur la date souhaitée de livraison du produit ou fin du projet ;
- une évaluation budgétaire macro du projet sous la forme de grandes lignes de dépenses.

Le travail sur l'étude préalable va se concentrer sur les fonctionnalités du produit ou service, et sur les éventuelles solutions techniques répondant au besoin fonctionnel.

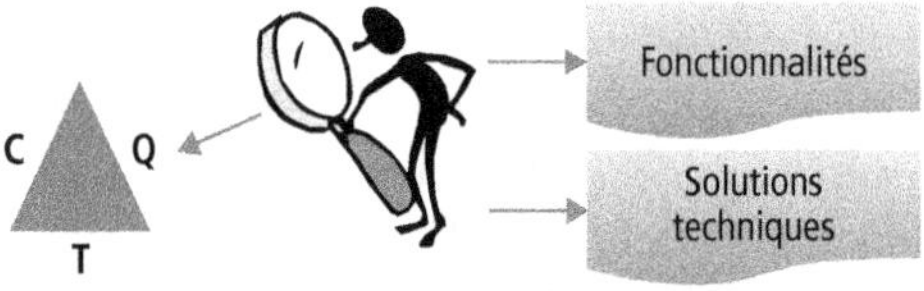

Figure 28 - Étude préalable et benchmark

Ce travail s'effectue sous la forme d'un benchmark qui est réalisé entre la maîtrise d'ouvrage et la maîtrise d'œuvre sous la forme d'une équipe mixte. L'étude préalable doit permettre à la fois de fixer la couverture fonctionnelle du produit ou du service et de déterminer la ou les solutions techniques à privilégier.

L'étude préalable est systémique, elle doit tenir compte de l'environnement dans lequel le produit ou service va évoluer ; c'est ce qui permettra notamment de faire des choix fonctionnels et techniques. Les éléments de l'environnement à prendre en compte peuvent être, par exemple :

- les types d'utilisateurs du produit ou service ;
- l'environnement existant technique ;
- les facilités de maintenance ;
- la proximité de la maîtrise d'œuvre ;
- le degré d'innovation de la solution technique ;
- le niveau de fiabilité de la solution technique ;
- le niveau de satisfaction des futurs utilisateurs…

L'étude préalable débouche sur un cahier des charges d'étude préalable qui reprend les éléments de planification et de budget émanant des études d'opportunité, et les éléments émanant du benchmark décomposés en deux parties : une partie fonctionnelle et une partie technique.

Comment s'intègre l'étude préalable dans la logique globale projet?

Comme expliqué précédemment, l'étude préalable est la première étape de la gestion du projet. Elle a aussi un rôle important sur le plan humain parce que c'est le premier contact entre les équipes de la maîtrise d'ouvrage et celles de la maîtrise d'œuvre.

Les autres étapes sont l'étude détaillée des besoins, l'étude fonctionnelle, l'analyse technique, la réalisation, les tests et la mise en production.

Cette logique est importante à comprendre car le portefeuille de projets va vivre au rythme des projets. Certains seront encore au stade de l'étude préalable alors que d'autres seront terminés.

Il appartient aux managers à la fois de construire le portefeuille et de le piloter, c'est-à-dire de suivre l'évolution macro des projets en cours pour réajuster le portefeuille en fonction des retards, des avances et des réajustements.

Le pilotage du portefeuille nécessite de la part des managers une bonne connaissance des problématiques de la gestion par projet réalisée par les chefs de projet.

Les 7 étapes de la gestion par projet

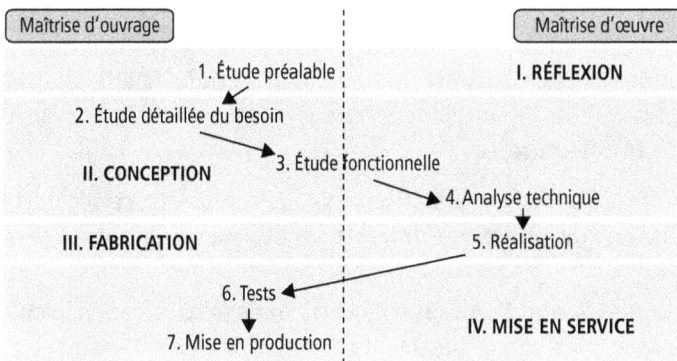

Figure 29 - Étapes de la gestion par projet

L'étude préalable

Elle consiste à dégrossir le besoin exprimé, à le formaliser de manière synthétique de façon à ce que chacun sache ce que sont le sujet de l'étude et son périmètre.

On peut aussi réaliser dans cette étude préalable, faire un tour d'horizon des « solutions » pour remplir le besoin. Ces solutions peuvent être les solutions du marché ou des solutions spécifiques apportées par un prestataire externe et interne.

Cette étude permettra d'écarter *a priori* soit des solutions en décalage avec le besoin général, soit des solutions qui ne correspondent pas aux contraintes de l'entreprise.

Le résultat de cette phase est un document d'étude préalable.

L'étude détaillée du besoin

Elle consiste à définir de manière précise et exhaustive le besoin.

Cette étude consistera à mettre en œuvre un certain nombre d'outils d'analyse qui permettront de modéliser le besoin et de le rendre compréhensible par ceux qui vont le couvrir.

Le document résultant de l'étude est rédigé dans un langage compréhensible par celui qui a exprimé le besoin afin qu'il puisse valider que cette expression traduise bien les besoins initiaux.

Le résultat de cette phase est un document d'étude détaillé du besoin.

L'étude fonctionnelle

Elle consiste à définir les fonctions que le produit ou service devra remplir. Chacune des fonctions doit être qualifiée par un niveau de performance.

Les fonctions seront hiérarchisées entre elles pour préparer d'éventuels arbitrages si on ne peut pas techniquement ou financièrement réaliser toutes les fonctions.

Cette analyse fonctionnelle est un travail conjoint entre les futurs utilisateurs ou leurs représentants et ceux qui vont concevoir le produit ou service. En effet, la définition de certaines fonctions peut demander des connaissances techniques.

Le résultat de cette phase est un document d'analyse fonctionnelle.

L'analyse technique

Elle consiste à choisir ou concevoir des solutions techniques qui vont remplir les différentes fonctions et assurer leur niveau de performance. Ce travail est réalisé par les techniciens du sujet qui vont décrire les solutions techniques de manière détaillée.

Le résultat de cette phase est un document d'analyse technique.

La réalisation

Elle consiste à fabriquer, acheter, paramétrer la solution technique choisie dans le document d'analyse technique.

Cette étape est réalisée par les techniciens qui vont aussi tester sur le plan technique la solution pour savoir si elle fonctionne bien (pannes, maintenance, etc.).

Le résultat de cette phase est le produit ou le service.

Les tests

Il faut maintenant que le client-utilisateur vérifie si le produit-service est conforme à ses exigences et remplit son besoin. Pour ce faire, il va définir des scénarios de tests qui vont permettre de mettre en œuvre le produit-service et vérifier sa conformité avec ce qui a été décrit dans l'analyse détaillée du besoin.

Cette étape doit être réalisée par les futurs utilisateurs ou leurs représentants, ce sont eux qui définissent les scénarios et non le concepteur et le technicien.

Le résultat de cette phase est un procès-verbal de conformité (appelé parfois PV de recette).

La mise en production

Cette étape consiste à mettre en service (en vente) les produits ou services réalisés. Cependant ces produits-services nouveaux vont rester « sous surveillance » pendant une durée donnée définie au départ du projet en fonction des enjeux, des coûts… Si c'est un produit manufacturé vendu à des clients externes, cette période peut être assortie d'une période de garantie.

Dans cette phase, une partie de l'équipe technique qui a fabriqué le produit-service reste mobilisée afin d'intervenir le plus rapidement possible ; on parle de mise en production sous contrôle.

Le résultat de cette phase est un procès-verbal de fin de projet.

Comment comprendre la différence entre les étapes ?

Afin de bien comprendre ce que l'on fait dans les différentes étapes nous allons prendre un exemple simple : la construction d'une maison à titre personnel.

L'appellation d'une étape varie d'un sujet à l'autre et d'une entreprise à l'autre, ce qui est important c'est finalement de ne pas « brûler » les étapes et de savoir ce que l'on met dedans.

Ce qui est important dans une équipe de managers, de cadres ou de chefs de projet, c'est la communication. Au-delà des appellations « théoriques », chacun doit s'assurer que l'autre parle bien de la même chose ; ce qui est valable pour la notion de cahier des charges qui est galvaudée, est tout aussi valable par exemple pour la notion d'étude préalable qui peut vouloir dire selon les entreprises :

- étude à grande maille des besoins ;
- étude détaillée du besoin ;
- étude des conditions de réalisation du projet (planning et budget) ;
- étude de faisabilité et opportunité…

Étapes	Sujets à traiter
Étude d'opportunité	Savoir si le projet de construction est cohérent avec les autres projets personnels. Savoir comment l'ensemble des projets personnels s'articulent dans le temps.
Étude de faisabilité	Estimer quel type de maison l'on veut. Faire une première estimation du budget. Savoir à quel moment on souhaite qu'elle soit livrée.
Étude préalable	Aller voir les différents constructeurs pour le type de maison défini. Affiner les éléments de la maison elle-même (plans, exigences…). Prendre des orientations fonctionnelles déterminant un choix de constructeur par exemple. **Recadrer le projet sur le triangle coût-qualité-temps.**
Étude détaillée des besoins	Analyser le mode de vie actuel. Définir toutes les activités des habitants de la maison. Recenser auprès des futurs habitants leurs besoins « d'usage » de la future maison. Définir un plan d'amélioration par rapport à la situation actuelle. **Recadrer le projet sur le triangle coût-qualité-temps.**
Étude fonctionnelle	Faire la liste de toutes les fonctions que devra remplir la maison. Construire les plans détaillés de la maison. Définir les plans de circulation. Affiner les plans. **Recadrer le projet sur le triangle coût-qualité-temps.**
Analyse technique	Définir les matériaux à mettre en place. Définir les techniques de construction. Faire les arbitrages entre les fonctions à remplir et les techniques possibles. **Recadrer le projet sur le triangle coût-qualité-temps.**
Réalisation	Construire la maison. Faire les réunions de chantier avec les corps de métier. Faire les réunions avec le client. Faire les tests techniques pour savoir si ce qui est construit est conforme techniquement. **Recadrer le projet sur le triangle coût-qualité-temps.**
Tests	Faire les tests de livraison de la maison pour savoir si toutes les fonctions sont correctement remplies. Faire la liste des « reste à faire ». Suivre les « reste à faire » jusqu'au parfait achèvement. Payer les reliquats.
Mise en production	Déménager. Habiter la maison quelques semaines. Faire faire les éventuelles corrections.

Lorsqu'on fait cette liste, les tâches de gestion du projet n'apparaissent pas clairement. En fait, la conduite de projet est présente dans toutes les étapes techniques.

Si on part du principe que la conduite de projet est la réalisation des actes suivants:

1) Préparation:

- cadrage des objectifs;
- organisation des acteurs du projet;
- organisation de la communication;
- planification;
- construction du budget;
- analyse des risques.

2) Pilotage:

- mise à jour de la planification;
- mise en œuvre du reporting;
- management de l'équipe.

3) Bilan:

- réalisation du bilan.

Il va falloir assembler tous ces éléments avec les étapes techniques décrites précédemment.

La gestion du projet appartient aux chefs de projet maîtrise d'ouvrage et maîtrise d'œuvre; ils assurent la coordination des différentes étapes entre elles dans le respect des objectifs.

Les étapes d'étude (préalable, des besoins, fonctionnelle, technique) donnent lieu à des cadrages successifs du projet qui va ainsi être affiné jusqu'à obtenir le triangle coût-qualité-temps définitif. Ce sont ces éléments qui devraient donner lieu à la contractualisation définitive du projet.

Mais si le contrat n'est scellé qu'à la fin de l'analyse technique, se pose la question de qui va payer toutes les étapes amont à la réalisation? Ce problème se situe dans toutes les relations contractuelles entre un client et un fournisseur. Plus on signe tôt plus il sera facile de faire payer au client les étapes d'étude, mais plus le client prendra au final des risques. Le jeu consiste donc pour le client de signer le plus tard possible et au vu des propositions techniques du fournisseur; et pour le fournisseur de signer le plus tôt possible pour faire payer les étapes d'étude et «imposer» au client les solutions techniques les plus fiables possible.

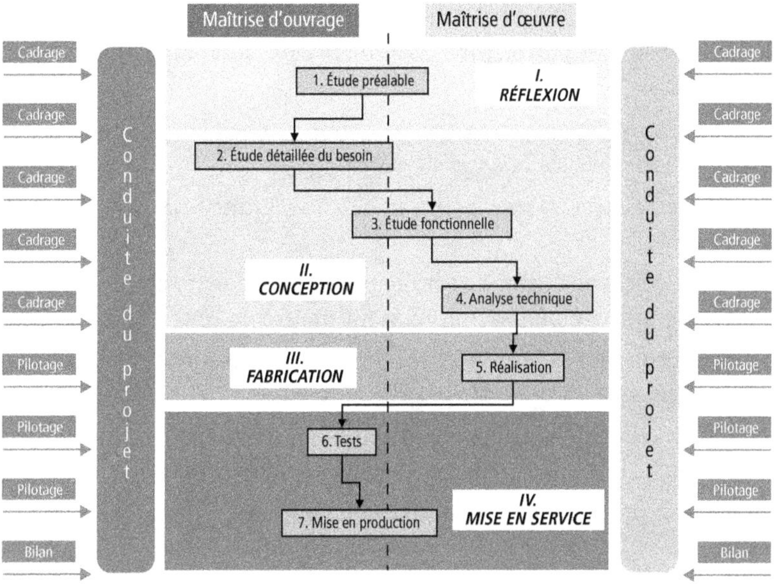

Figure 30 - Assemblage des étapes techniques-projet

Pour résoudre ce problème il apparaît raisonnable que :

• le client finance les étapes d'étude préalable et des besoins sur ses propres ressources, ce qui veut dire qu'il va fournir un cahier des charges détaillé du besoin ;

• le fournisseur finance les étapes d'études fonctionnelle et technique sur ses propres ressources.

La facturation correspondra alors aux coûts de réalisation.

Qu'est-ce que la gestion par projet et le management des projets ?

Ce sujet abordé précédemment mérite d'être précisé. La gestion par projet concerne tous les actes de gestion de projet depuis l'étude préalable jusqu'à la mise en production. Le management des projets concerne tous les actes préalables à la gestion des projets c'est-à-dire l'étude d'opportunité, de faisabilité. Mais le management des projets c'est aussi la construction du portefeuille de projets et le suivi consolidé des projets en cours.

Les actes de management des projets sont souvent mal compris et mal mis en œuvre pour les raisons suivantes :

- le déficit de stratégie ne permet pas d'avoir une vue consolidée des projets ;
- la méconnaissance du mode projet par les managers conduit à ne pas utiliser le management de projet pour mettre en œuvre la stratégie ;
- le management des projets se résume aux étapes amont au lancement des projets et il n'y a pas de pilotage consolidé ;
- on confie au chef de projet les études de faisabilité et d'opportunité, et c'est donc lui qui va se substituer dans les actes de management ;
- les techniques associées au management des projets ne sont pas connues.

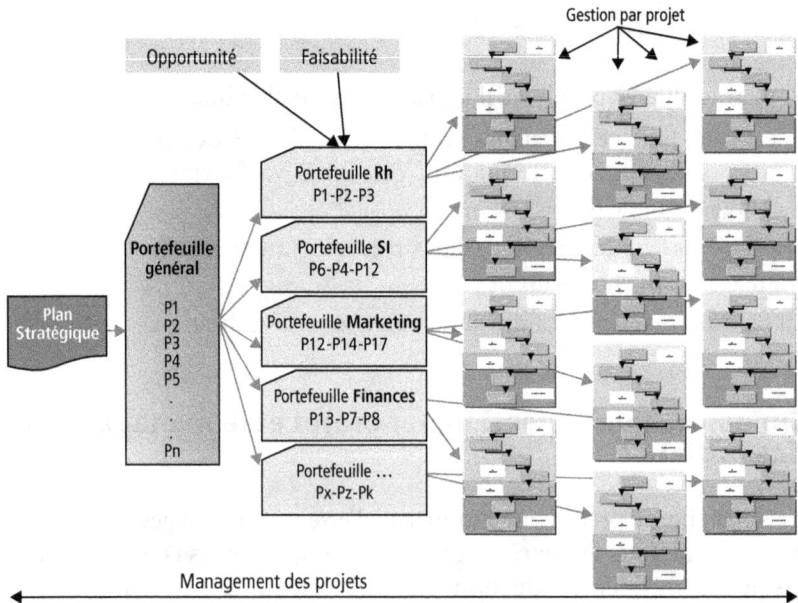

Figure 31 - Management des projets

La construction même du portefeuille de projets est un acte de management des projets et comprend donc :

- la déclinaison du plan stratégique dans un portefeuille général ;
- les études d'opportunité de chacun des projets ;
- le découpage du portefeuille général en portefeuilles thématiques ;
- les études de faisabilité de chacun des projets ;
- l'affectation de chacun des projets à un chef de projet.

Le pilotage consolidé des projets de chaque portefeuille comprend les actes de management suivants :

- la récupération des données macro de chaque projet pendant son déroulement ;
- la consolidation des données dans un planning consolidé ;
- la consolidation des données dans un budget consolidé ;
- la recherche de solutions d'arbitrage en cas de dégradation des objectifs généraux ;
- le choix des solutions d'arbitrage ;
- la communication aux chefs de projet des arbitrages généraux.

Le plus difficile dans ces actes de management est d'obtenir une cohérence entre ce qui est décidé au niveau du projet (par le chef de projet et le comité de pilotage) et ce qui est décidé par la direction générale, les directeurs, les managers au niveau du portefeuille.

Qui sont les acteurs qui participent à l'élaboration et au pilotage du portefeuille de projets ?

Les acteurs possibles sont les suivants :

- les actionnaires ;
- la direction générale ;
- les directeurs de centre de profit ;
- les directeurs fonctionnels ;
- les managers de services ;

- le coordinateur de projets ;
- les chefs de projet ;
- l'équipe projet.

Les actionnaires

Ils vont exprimer leurs exigences quant aux résultats attendus de l'entreprise. Ils peuvent aussi donner des orientations générales à l'entreprise dans la mesure où ils sont parfois majoritaires. Ces orientations peuvent être commerciales mais aussi éthiques.

La direction générale

Elle va décliner les exigences des actionnaires dans une vision mobilisatrice pour le reste de l'entreprise. Cette vision va être décrite de manière opérationnelle simple et comprise de tous. C'est certainement l'acte le plus court (en temps) de la construction du portefeuille mais c'est aussi le plus difficile, car c'est la pierre angulaire du lancement du projet stratégique et des arbitrages en cours de pilotage du portefeuille. La déclinaison de la vision est réalisée dans le plan stratégique.

Les directeurs de centre de profit

Ils vont aider à la construction du portefeuille général qui est la déclinaison de la stratégie qui est incluse dans le plan stratégique.

Ils vont ensuite construire le portefeuille correspondant à leur centre de profit. Ce portefeuille est spécifique à leur activité mais reste une déclinaison opérationnelle du portefeuille général, et bien sûr de la stratégie.

Les directeurs fonctionnels

Ils vont aider à la construction du portefeuille général qui est la déclinaison de la stratégie qui est incluse dans le plan stratégique.

Ils vont ensuite construire le portefeuille correspondant à leur direction fonctionnelle. Ce portefeuille est spécifique à leur activité mais reste une déclinaison opérationnelle du portefeuille général, et bien sûr de la stratégie.

Les managers de services

Ils peuvent aider à la construction des portefeuilles spécifiques avec les directeurs. Ils peuvent aussi être impliqués dans le management des projets en prenant la responsabilité de plusieurs projets d'une même thématique et pilotés par des chefs de projet.

Le coordinateur de projets

Il peut participer à toutes les étapes de construction du portefeuille de projets sous réserve d'avoir accès aux informations parfois confidentielles de la direction générale. Il va être un acteur essentiel du suivi de l'activité dans les portefeuilles en préparant les tableaux de bord consolidés pour que les directeurs et la direction générale puissent effectuer les arbitrages nécessaires.

Les chefs de projet

Ils vont porter les projets et fournir les informations au coordinateur de projet pour ses consolidations. Ils n'ont pas de rôle spécifique au niveau de la construction du portefeuille, sauf si certains d'entre eux sont susceptibles de fournir des informations capitalisées sur des projets stratégiques pilotés dans le cadre du précédent plan stratégique.

L'équipe projet

Ils assistent le chef de projet dans son pilotage et, à ce titre, peuvent être en interaction avec le coordinateur de projets dans la fourniture des données d'avancement. Ils n'ont pas d'action spécifique dans la construction des portefeuilles.

	Les actionnaires	– Définissent les contraintes	*Détachés* *Clairs*
	La Direction générale	– Traduit en vision – Définit la stratégie	*Visionnaire* *Leader*
	Les Directeurs de centre de profit	– Déclinent la stratégie – Construisent leur portefeuille	*Pragmatiques* *Leaders*
	Les Directeurs fonctionnels	– Déclinent la stratégie – Construisent leur portefeuille	*Pragmatiques* *Leaders*
	Les managers de service	– Aident à construire les portefeuilles	*Concrets* *Communicants*
	Le coordinateur de projet	– Consolide les données des projets	*Diplomate* *Pugnace*
	Le chef de projet	– Pilote le projet – Fournit les données d'avancement	*Exigent* *Pugnace*
	L'équipe projet	– Met en forme les données d'avancement	*Méticuleux*

L'assemblage entre tous ces acteurs est très loin d'être évident, c'est pourtant là que se joue la réussite du plan stratégique. On parle souvent de transversalité mais sa mise en œuvre est très difficile ; par exemple, le coordinateur de projet qui détient des informations stratégiques et doit être écouté par la direction générale tout au long du pilotage, encore faut-il qu'il puisse accéder facilement à cette direction générale pour pouvoir lui parler sans froisser la susceptibilité des directeurs de centres de profit et fonctionnels.

Quels sont les apports d'une méthode dans la construction d'un portefeuille de projets ?

Une méthode offre un certain nombre d'apports :
- un langage commun aux acteurs qui l'utilisent ;
- une garantie de reproductibilité de la façon de faire ;
- la limitation des oublis ;
- un fil rouge et un garde-fou pour celui qui l'utilise.

Pour le portefeuille de projets :

- la méthode va permettre à des acteurs d'un niveau hiérarchique différent de travailler ensemble en se centrant sur les documents qui viennent en appui et sur les résultats attendus ;
- la traçabilité des documents permettra une réutilisation du travail fait d'un plan stratégique à un autre. Et même si la construction du premier portefeuille sera certainement un travail important, la construction des suivants ira beaucoup plus vite ;
- un chef de projet global sera nommé et servira de fédérateur dans la gestion de ce projet ; il est d'ailleurs souhaitable que ce chef de projet ne soit pas le chef d'entreprise.

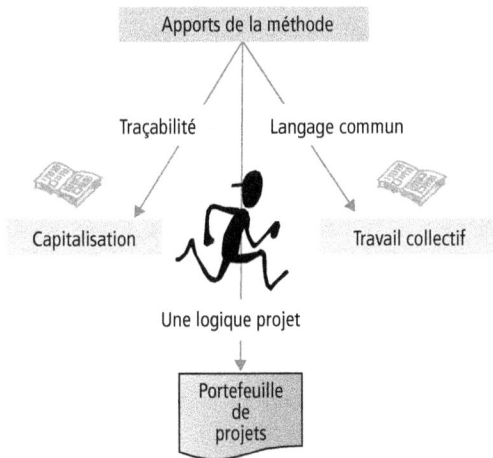

Figure 32 - Apports de la méthode

Nous proposons une méthode pour la construction du portefeuille ; ce n'est qu'une proposition de chemin à parcourir qui doit être déclinée suivant les particularismes du portefeuille à réaliser.

La méthode va s'appuyer sur des outils qui sont mis à votre disposition pour réaliser les différentes étapes.

Les 30 points à retenir

1. La stratégie est le résultat d'une combinaison d'objectifs individuels réunis dans un but commun.

2. La stratégie doit être bâtie avec un raisonnement systémique qui tient compte des clients finaux de l'entreprise.

3. La réussite d'une stratégie tient dans la capacité d'un dirigeant de construire et faire partager une vision.

4. Le plan stratégique est le document qui permet de décliner la vision en objectifs opérationnels, notamment sous la forme de projets.

5. Un plan de communication doit être associé à un plan stratégique afin que ses éléments puissent être compris et partagés.

6. Le plan stratégique est construit pour une durée d'environ trois ans ; il contient un ou plusieurs portefeuilles de projets regroupés par thématique.

7. Le plan tactique est la déclinaison opérationnelle sur un an du plan stratégique.

8. Le plan tactique est piloté par les décideurs et les chefs de projet de manière récurrente tout au long de l'année ; ce pilotage permet la mise à jour du plan stratégique global.

9. Les portefeuilles sont déclinés en thématiques qui correspondent à l'organisation de l'entreprise ; cette adéquation permet un meilleur engagement des managers sur les résultats de chacun des portefeuilles.

10. La mise en place d'une méthodologie commune permet d'avoir un langage commun au niveau des projets mais aussi au niveau des portefeuilles et des plans tactiques et stratégiques.

11. Le langage commun permet la consolidation des données, donc le pilotage des plans.

12. Le langage commun est donné par la méthode de conduite de projet qui se juxtapose à la méthode technique de fabrication du résultat.

13. Le référentiel de conduite de projet est une déclinaison d'une méthodologie de conduite de projet adaptée à l'entreprise, et notamment à son vocabulaire.

14. La consolidation des projets et des données associées se fait par les outils ; les outils doivent donc être communs à tous les projets.

15. L'organisation projet la plus performante pour l'entreprise est celle que l'entreprise est capable de faire fonctionner sur le plan du management et non pas celle qui est « théoriquement » la plus performante.

16. L'étude d'opportunité d'un projet consiste à vérifier la cohérence des objectifs d'un projet avec les objectifs du plan stratégique.

17. La faisabilité d'un projet consiste à vérifier la cohérence entre les objectifs coût-qualité-temps du projet.

18. Le triangle coût-qualité-temps est l'outil de pilotage incontournable du chef de projet, ce sont les trois seules données sur lesquelles le chef de projet peut jouer ou proposer des arbitrages.

19. La faisabilité et l'opportunité appartiennent aux managers ; le chef de projet ne devrait donc être nommé que si la faisabilité et l'opportunité ont été vérifiées.

20. L'étude préalable permet de « dégrossir » les éléments du projet, et notamment de rédiger les premières versions macro des cahiers des charges.

21. L'étude des besoins permet de réaliser le cahier des charges des « clients-utilisateurs » du résultat du projet.

22. L'analyse fonctionnelle consiste à traduire le besoin des utilisateurs en fonction du produit ou service.

23. L'analyse technique consiste à chercher les solutions techniques pour couvrir les fonctions listées dans l'analyse fonctionnelle.

24. La réalisation consiste à fabriquer le produit ou service en fonction des spécifications techniques définies dans l'analyse technique.

25. Les tests consistent à vérifier si le produit ou service fonctionne, et s'il remplit les besoins listés dans le cahier des charges utilisateur.

26. La mise en service, ou mise en production, consiste à accompagner les utilisateurs dans la mise en œuvre du produit ou service pendant une durée limitée.

27. La gestion par projet contient tous les actes accomplis par le chef de projet pour préparer, piloter et capitaliser sur le projet.

28. Le management des projets contient tous les actes réalisés par les managers pour consolider les projets d'un portefeuille, réorienter le plan tactique ou modifier le plan stratégique.

29. La mise en place des outils et des méthodes de pilotage des portefeuilles est le travail le plus difficile à réaliser car il nécessite un parfait accord entre les managers et directeurs des grandes unités de l'entreprise.

30. Le « pouvoir » et le « charisme » du dirigeant principal associé à son implication dans la mise en place des portefeuilles sont les conditions indispensables pour la réussite d'un plan stratégique.

PARTIE 1

LA MÉTHODE

La méthode

Cette partie est destinée à ceux qui pilotent pour la première fois un portefeuille de projets. Il permet une approche méthodologique progressive et simple de la méthodologie de tests. L'introduction vous a permis d'aborder le vocabulaire qui sera utilisé tout au long de la partie.

Vous trouverez dans cette partie :

- une présentation détaillée de la méthode et de son architecture ;
- une présentation des quatre phases et des dix fiches de la méthode ;
- une liste des outils qui peuvent être utilisés à chacune des étapes de la méthode ;
- un schéma général qui montre la démarche méthodologique à travers la mise en œuvre des documents ;
- une explication du fonctionnement de la méthode.

Pour chaque fiche méthodologique vous trouverez :

- une présentation générale de la fiche avec les acteurs, les actions à entreprendre, les documents mis en œuvre, les remarques importantes ;
- le détail des actions à entreprendre avec des conseils ;
- les cinq points à retenir.

Cette partie nécessite un peu plus d'investissement temps que les autres dans la mesure où il nécessite une lecture approfondie de chaque fiche.

Il ne faut pas forcément chercher à mettre en œuvre toutes ces techniques dès la première mise en place d'un portefeuille au risque de vous décourager. La mise en œuvre peut être progressive d'un projet à l'autre en vous fixant des objectifs de progression réalistes.

Ce qu'il faut retenir

– Respecter toutes les étapes et avoir parfois une approche un peu scolaire permet de ne rien oublier ; un petit oubli dans la méthode peut engendrer de nombreux dysfonctionnements dans la réalisation finale, et donc dans la réussite de la construction et du pilotage du portefeuille.

Présentation de la méthode

La méthode est constituée des phases, des fiches et des outils.

LES PHASES

La méthode contient quatre phases. Une phase contient un certain nombre de fiches ; elle correspond à un découpage majeur de la démarche d'analyse.

Les phases de la méthode sont décliner, construire, piloter et capitaliser.

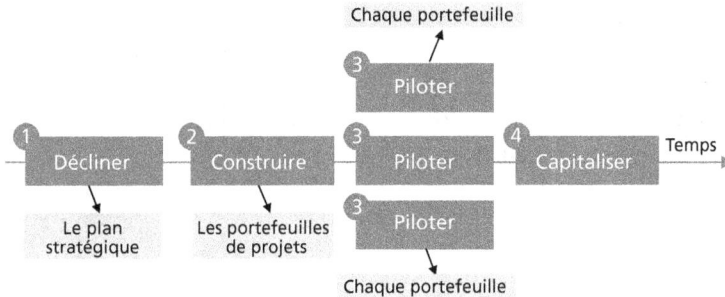

Figure 33 - La méthode « DCPC »

Décliner

Cette phase constitue la préparation de la construction du ou des portefeuilles. Elle consiste à prendre en compte la stratégie globale de l'entreprise et à la décliner en grands plans d'actions. Ces plans d'actions doivent être coordonnés et peuvent être aussi thématisés. C'est une phase essentielle qui repose sur la qualité de la stratégie décrite. Si la stratégie n'est pas décrite, il faudra dans cette phase demander et, éventuellement, accompagner la rédaction d'un plan stratégique.

Construire

Cette phase correspond à l'élaboration du ou des portefeuilles des projets. Le nombre de portefeuilles est directement dépendant de l'organisation et de la taille de l'entreprise. Si elle est petite, un seul portefeuille suffira et contiendra tous les projets de toutes les thématiques, et ce sera le dirigeant qui sera chargé du pilotage du portefeuille. Le découpage en portefeuilles thématiques est dépendant des personnes qui vont les piloter. Le schéma classique est d'affecter à chaque direction fonctionnelle et opérationnelle un portefeuille correspondant à l'expertise de cette direction.

Piloter

Cette phase correspond à la fois au cadrage, au lancement et au pilotage des projets, mais aussi à la mise en œuvre des réunions et des outils propres au pilotage des portefeuilles. Cette phase se déroule au niveau des directions fonctionnelles et opérationnelles, et au niveau de la direction générale et du comité de direction. Cette phase est récurrente et cette récurrence est directement dépendante du nombre de portefeuilles à piloter et de la durée du plan stratégique.

Capitaliser

Cette phase consiste à faire le bilan global des portefeuilles de projets et à déterminer les plans d'actions d'améliorations pour le plan stratégique suivant. Cette phase de capitalisation vient en recouvrement de la phase « décliner » du plan stratégique suivant. Cette phase est plus longue lors du premier plan stratégique mais elle permet de gagner du temps sur la construction du nouveau plan. Souvent négligée par les dirigeants, c'est la phase la plus rentable du processus.

Principe général de réflexion

Le principe général de fonctionnement est le suivant : la phase « décliner » et la phase « construire » sont des investissements nécessaires pour la réussite de la mise en œuvre du plan stratégique. Il faut donc bien comprendre que le travail sur le plan stratégique et sa construction n'est pas intégré dans cet ouvrage. Néanmoins, il est bon de saisir que l'élaboration du plan stratégique s'effectue en un certain nombre de phases et d'étapes méthodologiques. Afin d'assurer la compréhension globale du sujet, voici les étapes de construction du plan stratégique :

La phase d'**analyse** du plan stratégique comprend les étapes suivantes :

1. Analyser le précédent plan	5. Analyser les ressources
2. Faire le point sur le métier	6. Analyser les produits
3. Écrire la vision	7. Analyser l'environnement
4. Analyser les structures	

La phase de **construction** du plan stratégique comprend les étapes suivantes :

8. Faire le diagnostic	11. Construire les portefeuilles
9. Affiner la vision	12. Construire le plan de communication
10. Décliner en action	

La phase de **pilotage** du plan stratégique comprend les étapes suivantes :

13. Lancer le plan stratégique
14. Mettre en place le système de pilotage
15. Écrire le plan tactique année n
16. Faire les fiches projet année n   } *Logique de portefeuille*
17. Lancer le plan tactique année n

La phase de **bilan** du plan stratégique comprend les étapes suivantes :

18. Clôturer le plan
19. Faire le bilan plan
20. Préparer le nouveau plan

Le tout est assemblé dans une logique méthodologique en quatre phases qui aboutissent à l'élaboration de livrables qui sont :

* le diagnostic : un document permettant de mettre en perspective les objectifs généraux souhaités avec les ressources de l'entreprise (humaines et organisationnelles) et son environnement, notamment concurrentiel ;
* le plan stratégique : le document qui décrit les objectifs généraux que l'entreprise se propose d'atteindre dans les trois années suivantes ;
* les tableaux de bord : les outils permettant de suivre et réajuster le plan stratégique tout au long de sa vie, généralement trois ans ;
* le bilan du plan qui va permettre de construire le plan suivant :

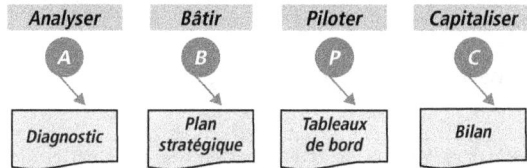

Figure 34 - Les 4 livrables

Cette logique globale permet de comprendre que la conduite de projet et le portefeuille de projets ne sont que les moyens de réaliser le plan stratégique. Les méthodes sont donc imbriquées les unes dans les autres et leur mise en œuvre dépend des acteurs.

On peut ainsi décliner les responsabilités selon le découpage suivant :

* la direction générale et le comité de direction sont chargés de construire le plan stratégique et le piloter ;
* les directeurs opérationnels et fonctionnels sont chargés de construire les portefeuilles de projets et les piloter ;
* les chefs de projet sont chargés de cadrer les projets et les piloter.

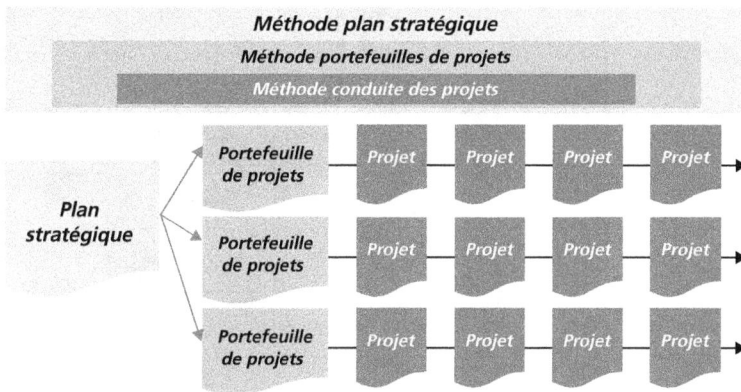

Figure 35 - Composition du plan stratégique

Pour résumer, un plan stratégique contient plusieurs portefeuilles et un portefeuille contient plusieurs projets. À chacun sa méthode[1], et à chacun son niveau de responsabilité. Cet ouvrage se concentre donc sur la construction et le pilotage du ou des portefeuilles.

Le principe de mise en œuvre de la méthode est le suivant :

- la phase « décliner » se déroule une fois afin de prendre en compte le plan stratégique ;

- la phase « construire » se déroule une fois pour construire le ou les portefeuilles de projet ;

- la phase « piloter » se déroule en récurrence à la fois mensuelle pour le suivi consolidé des projets, et à la fois annuel pour le bilan intermédiaire du plan tactique de l'année n ;

- la phase « capitaliser » se déroule une fois à la fin de la mise en œuvre des portefeuilles.

© Groupe Eyrolles

---

1 .La méthode pour construire un plan stratégique fera l'objet d'un autre ouvrage.

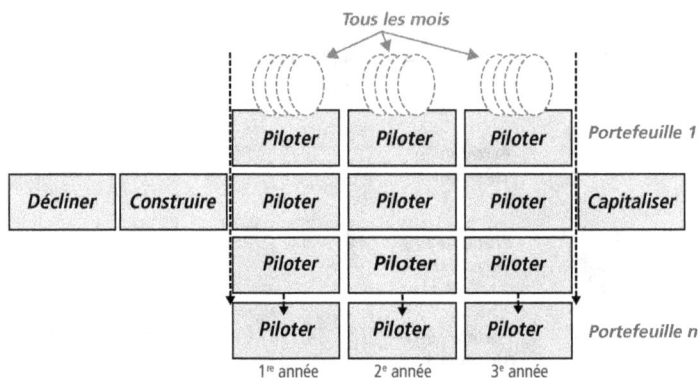

Figure 36 - Principe de mise en œuvre de la méthode

Le cycle global de vie d'un portefeuille peut être calqué sur le cycle du plan stratégique soit trois ans par exemple, mais il arrive que certaines structures reconstruisent le portefeuille chaque année ; le portefeuille correspond donc à la déclinaison du plan stratégique en plan tactique. C'est plus facile à mettre à jour chaque année, mais c'est aussi un risque d'avoir une incohérence globale avec la stratégie, car celui qui pilote le portefeuille a généralement un plus grand pouvoir pour le faire évoluer. Par ailleurs, la reconstruction du portefeuille chaque année peut prendre du temps et apporter une inertie à la mise en œuvre des projets.

La préconisation est donc de construire les portefeuilles de projets pour la durée du plan stratégique, et de proposer des réajustements mineurs (sauf en cas de crise) tous les ans.

LES FICHES

La méthode contient dix fiches qui permettent aux responsables de portefeuille d'avoir une « check-list » des actions à entreprendre à chaque étape. La méthode s'articule sur la démarche globale expliquée précédemment, les fiches permettent de la dérouler.

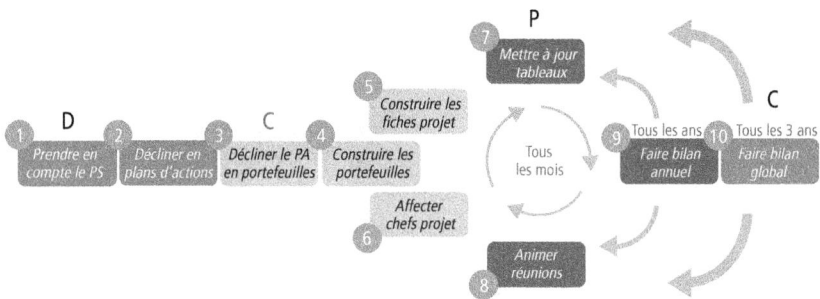

Figure 37 - Étapes de la méthode

Phases	Fiches
Décliner	Prendre en compte le plan stratégique. Décliner le plan stratégique en plan d'actions.
Construire	Décliner le plan d'actions en portefeuilles thématiques. Construire les portefeuilles thématiques. Construire les fiches projet. Affecter les projets à des chefs de projet.
Piloter	Mettre à jour les tableaux de bord. Animer les réunions de pilotage. Faire le bilan de l'année n.
Capitaliser	Faire le bilan qualitatif et quantitatif.

La méthode permet de réaliser trois grands types de livrable qui sont :

- le résultat des deux premières phases « décliner » et « construire » qui sont les portefeuilles de projets ;
- les tableaux de bord à jour et les relevés de décision qui émanent de la phase « piloter » ;
- le bilan global qui constitue le document de départ pour construire le prochain plan stratégique.

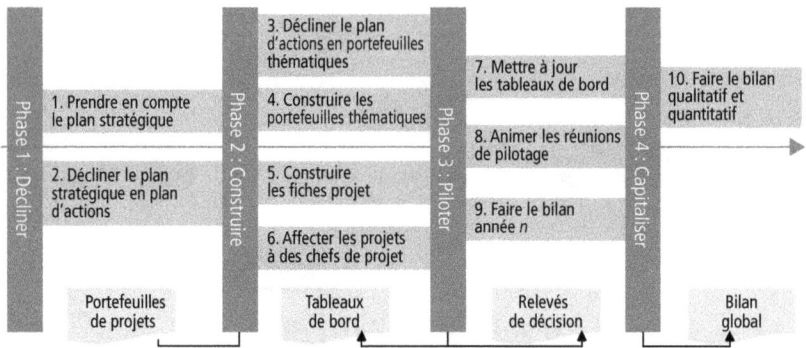

Figure 38 - La méthode et ses fiches

Fiche 1 : Prendre en compte le plan stratégique

Cette fiche permet de s'assurer dans un premier temps que non seulement la stratégie a été définie mais aussi qu'elle a été « tracée » dans un document. La lecture de ce document associée à la rencontre avec ceux qui l'ont élaboré, va permettre de comprendre les buts généraux de l'entreprise ainsi que les priorités envisagées.

Fiche 2 : Décliner le plan stratégique en plan d'actions

Cette fiche permet de faire une liste de grandes actions qui vont contribuer à la réussite du plan stratégique et à l'atteinte des buts généraux. Ce travail consiste à définir des macroprojets qui, en s'assemblant, vont permettre l'atteinte des objectifs généraux. Les plans d'actions se construisent sans tenir compte des ressources disponibles et de l'organisation de ces ressources.

Fiche 3 : Décliner le plan d'actions en portefeuilles thématiques

Cette fiche permet de regrouper les actions entre elles en fonction de l'organisation de l'entreprise. Chaque portefeuille thématique va être confié à un manager principal qui en prendra la responsabilité. Il faut donc à la fois identifier le manager principal, mesurer la macrocharge de son « unité » et ensuite identifier les ressources nécessaires à la réalisation des actions. Viendra ensuite le moment où lui sera confiée de manière officielle la responsabilité du portefeuille.

Fiche 4 : Construire les portefeuilles thématiques

Cette fiche permet au manager responsable d'un portefeuille de faire la liste des projets nécessaires à la réussite des actions, puis de classifier les projets entre eux en fonction de leur « sous-thématique » et de leur taille. Ensuite, il s'agira de construire le planning consolidé et le budget consolidé du portefeuille pour vérifier sa faisabilité. Ces actions permettront aux managers de revenir vers la direction générale pour négocier les objectifs du portefeuille.

Fiche 5 : Construire les fiches projet

Cette fiche permet de décliner chaque projet du portefeuille dans une première version macro de la note de cadrage. Cette note de cadrage permettra à nouveau de valider la faisabilité de chaque projet et de décliner le but du projet en objectifs opérationnels. Ce travail devrait être fait par le manager et non par le chef de projet pressenti pour porter le projet.

Fiche 6 : Affecter les projets à des chefs de projet

Cette fiche permet de présenter à chaque chef de projet le ou les projets qui vont lui être confiés. Ensuite, une communication sera faite sur le portefeuille et les responsables de chaque projet à la fois au niveau de l'unité mais aussi de l'entreprise. Puis, les chefs de projet vont compléter la note de cadrage pour en faire une note de cadrage définitive qui servira de point de départ à la conduite du projet elle-même.

Fiche 7 : Mettre à jour les tableaux de bord

Cette fiche permet à la fois de construire les tableaux de bord de suivi consolidé, s'ils n'existent pas, et de les mettre à jour. Les tableaux de bord consolidés doivent tenir compte des trois paramètres de pilotage des projets, à savoir la qualité, le temps et le coût. La consolidation globale quantitative sera surtout faite sur la base du budget et du planning consolidé.

Fiche 8 : Animer les réunions de pilotage

Cette fiche permet de mettre en place, si ce n'est pas déjà fait, un système de pilotage du ou des portefeuilles. Ce système ne vient pas se substituer au comité de pilotage de chacun des projets et n'est pas de la responsabilité du chef de projet. La manager de chaque portefeuille doit assurer le suivi de son portefeuille, par exemple de manière mensuelle. Les portefeuilles sont ensuite consolidés de manière trimestrielle au niveau de toute l'entreprise.

Fiche 9 : Faire le bilan année *n*

Cette fiche permet de faire le bilan annuel au niveau de chacun des portefeuilles et au niveau de l'entreprise. Ce bilan permet à la fois de recadrer les objectifs de chacun des portefeuilles en fonction des réajustements de la stratégie, de faire le bilan sur le réalisé et de faire le point avec les acteurs afin de maintenir la motivation globale. Cette manière de procéder permet d'organiser des grand-messes opérationnelles dont les constats reposent sur des faits et non pas sur des impressions.

Fiche 10 : Faire le bilan qualitatif et quantitatif

Cette fiche permet de clôturer les portefeuilles qui ont vécu pendant tout le plan stratégique. On va ainsi « vider » les portefeuilles des projets éventuellement restants, faire un bilan global de chaque portefeuille et aussi au niveau de l'entreprise. Ce bilan viendra alimenter le bilan général du plan stratégique. Ensuite, intervient une phase d'archivage de tous les éléments pour réutilisation au niveau des nouveaux portefeuilles.

La méthode permet de réaliser le dossier de pilotage des portefeuilles de projets. Ce document va décrire les conditions de réalisation des portefeuilles mais contiendra aussi les différents éléments de reporting qui serviront tout au long de la vie des portefeuilles.

Le dossier des portefeuilles prend la forme d'un classeur et/ou d'un classeur électronique comprenant les éléments suivants :

- rappels des éléments du plan stratégique ;
- plan d'actions découlant du plan stratégique ;

- liste des portefeuilles de projet et des responsables ;
- liste des projets de chaque portefeuille et des chefs de projet ;
- fiches projet ;
- livrables consolidés des projets ;
- planning consolidé des projets ;
- budget consolidé des projets ;
- tableau de synthèse des projets ;
- relevés de décision ;
- notes et remarques à capitaliser ;
- bilans intermédiaires ;
- bilan final ;
- les éléments complémentaires du portefeuille (annexes, éléments administratifs, éléments juridiques…) ;
- glossaire.

LES OUTILS

La méthode et les fiches s'appuient sur la mise en œuvre d'une boîte à outils. Les outils peuvent être utilisés dans plusieurs fiches à la fois. La mise en œuvre des outils dépend directement du thème étudié (produit ou service) et de la façon dont on veut traiter le thème.

Dans chaque fiche, un certain nombre d'outils sont proposés. Ils sont ensuite détaillés avec leur mode d'emploi dans la partie 2. Dans la partie 3, un modèle de document associé à chaque outil sera proposé.

Les outils proposés pour le portefeuille de projet sont :

- grille d'analyse du plan stratégique ;
- plan d'actions ;
- grille de déclinaison du plan d'actions ;
- présentation du portefeuille ;
- fiche projet ;

- note de cadrage ;
- tableau de bord ;
- relevé de décisions ;
- bilan d'année ;
- bilan global.

FONCTIONNEMENT DE LA MÉTHODE

Les fiches de la méthode sont numérotées de manière séquentielle, cependant il est évident que sur le terrain certaines fiches peuvent être parallélisées pour gagner du temps ou, tout simplement, parce que certains éléments d'une fiche sont complémentaires d'une autre.

Une méthode n'est donc pas « un système à cliquet » qui ne permet pas de revenir en arrière. Les acteurs participant à la construction et au pilotage d'un portefeuille se répartissent la charge de travail suivant les différentes étapes.

Une reprise du schéma global de la méthode se trouve en haut de chaque fiche, ce qui permet de se repérer dans l'avancement méthodologique. Un indicateur d'avancement est placé dans chaque fiche.

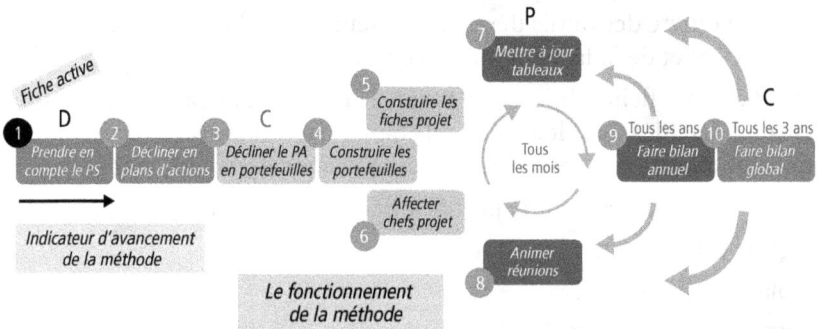

Figure 39 - Le fonctionnement de la méthode

Fonctionnement du guide

Le guide méthodologique est constitué de dix fiches. Pour chacune des fiches, vous trouverez un descriptif synthétique récapitulant :

- le ou les acteurs concernés par la fiche ;
- la liste des outils que vous avez à votre disposition pour réaliser la fiche ;
- les actions à entreprendre par celui qui réalise la fiche ;
- des remarques qui correspondent aux dysfonctionnements majeurs rencontrés à cette étape ;
- une liste de conseils.

La fiche est ensuite suivie d'un descriptif de la mise en œuvre des actions à entreprendre. La description de chaque action se termine par quelques conseils.

La fiche se termine par une liste de dix points importants à retenir.

Chaque fiche aura l'architecture suivante :

Acteurs réalisant cette fiche
Outils disponibles
Actions à entreprendre
Remarques

1. Prendre en compte le plan stratégique

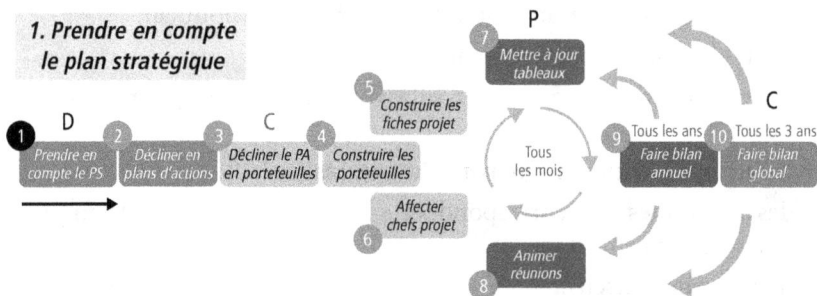

D
1. Prendre en compte le PS
2. Décliner en plans d'actions
3. Décliner le PA en portefeuilles

C
4. Construire les portefeuilles
5. Construire les fiches projet
6. Affecter chefs projet

P
7. Mettre à jour tableaux
8. Animer réunions

Tous les mois

C
9. Tous les ans — Faire bilan annuel
10. Tous les 3 ans — Faire bilan global

Acteurs réalisant cette fiche
Les actionnaires   La Direction générale   Les directeurs de centre de profit

Outils disponibles
Grille d'analyse du plan stratégique.

Actions à entreprendre
– Prendre connaissance du document plan stratégique. – Rencontrer les dirigeants de l'entreprise. – Élaborer une reformulation des axes stratégiques. – Faire le bilan des plans stratégiques précédents. – Prendre en compte les projets déjà élaborés.

Remarques
La compréhension des axes stratégiques constitue le point de départ de la démarche globale. Cette compréhension nécessite la prise en compte du contexte, et notamment les conditions de réalisation des plans précédents.

Prendre en compte le plan stratégique

Prendre connaissance du plan stratégique

Le plan stratégique est le point de départ de la démarche méthodologique. Ce document peut être décliné de manière « très politique » en ne contenant que des éléments généraux sur les objectifs, ou être très opérationnel et comporter une partie du travail qui va être fait dans les fiches suivantes.

Conseils

- Lire attentivement le document en prenant des notes pour dégager les principes généraux et les objectifs qui apparaissent.
- Ne pas négliger les éléments ne touchant pas directement les objectifs mais le fonctionnement de l'entreprise comme les valeurs véhiculées car ces éléments peuvent être déclinés en projets dans le cadre de la mise en œuvre du plan.

Rencontrer les dirigeants de l'entreprise

La rencontre avec les dirigeants permet de poser les questions que l'on aura listées à la lecture du document. Cela permettra de mieux comprendre les intentions mais aussi d'avoir certains axes stratégiques qui n'ont pas pu être écrits pour des raisons de confidentialité.

Conseils

- Préparer les échanges en listant des catégories de question (sur les objectifs, sur le contexte, sur les intentions réelles).
- Demander s'il existe des priorités dans les objectifs généraux du plan et effectuer avec les dirigeants un classement par priorité.

Élaborer une reformulation des axes stratégiques

La reformulation consiste à écrire de manière plus opérationnelle les objectifs. Il s'agit donc de classer les objectifs et de mettre en face de chaque objectif les axes dégagés. Ces axes peuvent s'appuyer sur les fonctions existantes dans l'entreprise (commercial, marketing, production, SI, RH…)

Conseils

– Rédiger sa propre formulation des objectifs en utilisant des mots explicites et simples.

– Faire valider cette reformulation et cette première déclinaison par celui ou ceux qui ont rédigé le plan stratégique.

Faire le bilan des plans stratégiques précédents

Le bilan des plans stratégiques doit être fait de deux façons : d'abord sur le fond en mesurant l'atteinte des objectifs et notamment en faisant la liste des projets qui ont abouti, ensuite sur la forme en regardant comment a été conduit la mise en œuvre des portefeuilles, des réunions de pilotage, du pilotage des projets de manière unitaire ou consolidée.

Conseils

– Demander aux différents acteurs impliqués leur perception du plan précédent : direction générale, directeurs, managers, coordinateur de projets, chefs de projet.

– Dégager et écrire les principaux axes d'amélioration en matière de fond (objectifs) et de forme (méthodes de travail).

Prendre en compte les projets déjà élaborés

Il est extrêmement difficile de mettre en suspens les projets en cours, et certains projets du plan auront déjà démarré ; il est donc nécessaire de faire un état des lieux, à la fois des projets du précédent plan qui ne sont pas terminés et des projets du plan en construction qui ont déjà commencé.

– Faire une liste des projets à terminer et déjà démarrés, et mettre un indicateur d'avancement afin de ne pas oublier de les inclure dans les portefeuilles qui vont être construits.

– Ne pas hésiter, si c'est possible, à mettre en attente certains projets si leur déroulement peut compromettre le plan en construction.

Les 10 points à retenir

1. Rencontrer les acteurs de la direction générale lors d'un entretien afin d'avoir leur perception du plan stratégique qu'ils ont écrit.

2. Préparer l'entretien en listant les questions à poser permettant d'avoir des précisions.

3. S'assurer que tous les objectifs généraux ont été bien écrits, sinon prendre en compte les objectifs complémentaires.

4. Reformuler les objectifs en les rendant plus opérationnels.

5. Faire valider la reformulation par les auteurs du plan en leur montrant la grille d'analyse du plan stratégique.

6. Prioriser les objectifs entre eux, et faire valider cette priorisation si elle n'a pas été établie par les dirigeants eux-mêmes.

7. Prendre en compte les éléments du contexte interne de l'entreprise qui peuvent amener par exemple, à mettre en place dans les portefeuilles des projets d'évolution organisationnelle.

8. Faire un bilan des plans précédents en rencontrant les différents acteurs impliqués, des dirigeants aux chefs de projet.

9. Proposer une liste d'améliorations à la fois du fond (objectifs) et de la forme (méthode) pour le plan en cours de construction.

10. Faire le point sur les projets à terminer et déjà démarrés pour les inclure dans les futurs portefeuilles.

2. Décliner la stratégie en plan d'actions

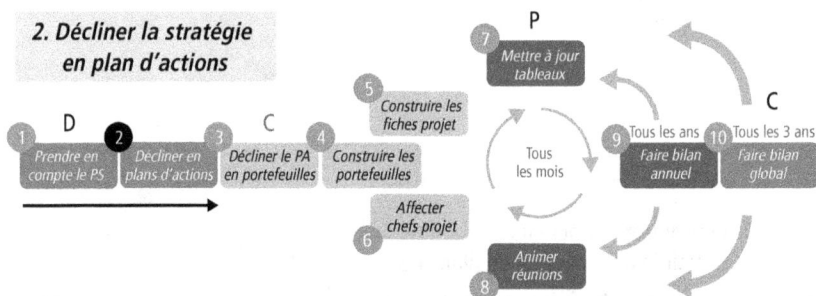

D

1. Prendre en compte le PS
2. Décliner en plans d'actions
3. Décliner le PA en portefeuilles

C

4. Construire les portefeuilles
5. Construire les fiches projet
6. Affecter chefs projet

P

7. Mettre à jour tableaux

Tous les mois

8. Animer réunions

9. *Tous les ans* Faire bilan annuel

C

10. *Tous les 3 ans* Faire bilan global

Acteurs réalisant cette fiche

Les actionnaires   La Direction générale   Les directeurs de centre de profit

Outils disponibles

Plan d'actions.

Actions à entreprendre

– Décomposer les objectifs généraux en axes thématiques.
– Décomposer les axes thématiques en actions.
– Classer les actions par priorité.
– Construire le plan d'actions en corrélant les actions entre elles.
– Faire valider le plan d'actions par la direction générale.

Remarques

Le plan d'actions est la première déclinaison opérationnelle du plan stratégique. Elle initie la construction des portefeuilles de projets et rend concrets les objectifs généraux qui sont parfois trop politiques ou trop évasifs.

Décliner la stratégie en plan d'actions

Décomposer les objectifs en axes thématiques

Les objectifs généraux validés par la direction générale vont être décomposés en grandes thématiques qui vont avoir généralement un découpage en rapport avec l'organisation de l'entreprise. Ce découpage peut être de deux natures, par exemple thématiques internes et thématiques externes (projets avec des clients internes et projets avec des clients externes) ou bien suivant les grandes directions de l'entreprise.

Conseils

– Faire un découpage qui soit cohérent avec l'organisation réelle de l'entreprise, cela facilitera la construction et la délégation des portefeuilles.
– Le nombre de thématiques n'a pas d'importance, il faut préférer une maille assez fine et explicite à une maille trop générale.

Décomposer les axes thématiques en actions

Les axes thématiques vont être ensuite décomposés en grandes actions. Ces actions doivent être décrites sous la forme d'un verbe et d'un complément. À ce stade, certaines actions deviendront directement des grands projets et d'autres seront en fait des regroupements de projets.

Conseils

– La formulation d'une action doit toujours pouvoir être explicite pour celui qui va la lire ; il faut donc bannir les termes trop génériques.
– Cette étape de découpage peut être sautée si l'entreprise est très petite ; la déclinaison des objectifs généraux sera donc réalisée directement en portefeuilles de projets.

Classer les actions par priorité

Le classement doit être réalisé en fonction des priorités de l'entreprise et non en fonction du déroulement dans le temps. Certaines actions vont être dépendantes de la bonne fin d'autres, mais ceci constitue un début de planification qui n'a pas de sens à ce stade.

Conseils

– Les priorités des actions sont directement liées aux objectifs généraux du plan et donc à la direction générale. Cependant les directeurs peuvent aider à la priorisation en fonction des résultats opérationnels escomptés.

– Ne pas définir trop de niveaux de priorité ; une échelle de 1 à 3 permet d'effectuer une classification efficace.

Construire le plan d'actions en corrélant les actions entre elles

La corrélation des actions consiste à les organiser dans leur déroulement. Certaines actions seront totalement indépendantes entre elles, d'autres seront liées par leur début et seront parallélisées, d'autres encore seront dépendantes de la bonne fin d'une autre action. Cette organisation des actions entre elles donne la logique globale du plan d'actions.

Conseils

– Prendre conseil auprès des directions spécialistes des thématiques pour connaître éventuellement l'ordonnancement des actions entre elles.

– Ne pas chercher à mettre les actions en corrélation avec les ressources disponibles ; il faut construire un schéma idéal de déroulement du plan d'actions.

Faire valider le plan d'actions par la direction générale

Le plan d'actions est bien de la responsabilité de la direction générale ; il se peut d'ailleurs qu'il soit directement inclus dans le plan stratégique. Il est donc nécessaire que la direction générale valide l'ensemble du plan d'actions et donne son feu vert avant le découpage en portefeuilles.

Conseils ➡

– Présenter le plan d'actions d'abord de manière graphique en montrant sa logique globale, puis montrer le détail des actions à entreprendre.
– Commenter chaque action en démontrant sa contribution à l'atteinte des objectifs généraux.

Les 10 points à retenir

1. Décomposer les objectifs généraux en axes thématiques en tenant compte de l'organisation générale de l'entreprise.

2. Préférer des thématiques précises à des thématiques trop générales pour préparer le découpage du plan d'actions.

3. Formuler les actions sous la forme d'une phrase avec un verbe et un complément.

4. Passer directement des objectifs généraux à la décomposition en portefeuille si l'entreprise est une TPE ou une PME.

5. Prioriser les actions entre elles en s'appuyant sur les spécialistes de chaque thématique dans les directions correspondantes.

6. Utiliser une échelle de priorisation sur trois niveaux seulement.

7. Ordonnancer les actions entre elles en tenant compte des liens logiques et des interdépendances.

8. Construire le plan d'actions indépendamment des ressources disponibles pour ne pas bloquer la réflexion et l'optimisation.

9. Faire valider le plan d'actions par la direction générale en le commentant et en allant du général (sous forme graphique) au particulier (sous forme d'explications).

10. Démontrer comment le plan d'actions contribue à l'atteinte des objectifs généraux du plan stratégique.

3. Décliner le plan d'actions en portefeuilles

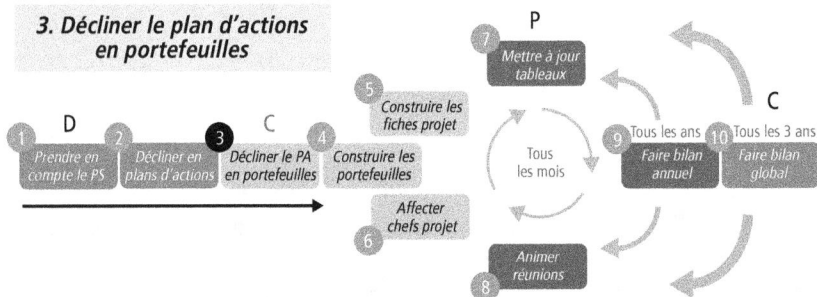

Acteurs réalisant cette fiche		
La Direction générale	Les directeurs de centre de profit	Les directeurs fonctionnels

Outil disponible

Grille de déclinaison du plan d'actions.

Actions à entreprendre

– Identifier les managers susceptibles de «porter» les portefeuilles de projets.
– Faire une liste des grands projets par portefeuille thématique.
– Rencontrer les futurs porteurs de portefeuille.
– Demander aux porteurs de portefeuille d'évaluer leur capacité à mener les projets.
– Effectuer les arbitrages entre les portefeuilles et communiquer.

Remarques

Il va falloir trouver l'adéquation entre l'organisation de l'entreprise et ses différentes directions, la disponibilité de ces directions, et notamment la capacité à libérer des ressources et la motivation des managers à porter les portefeuilles de projets.

3 Décliner le plan d'actions en portefeuilles

Choisir les managers

La réussite de la mise en œuvre d'un portefeuille tient à deux facteurs : la qualité des projets qui y sont inscrits mais surtout l'implication du manager qui va porter ce portefeuille. Le choix des managers devant jouer ce rôle doit être fait à la fois en fonction de leur disponibilité et de leur motivation.

– S'assurer que les managers qui vont porter les portefeuilles soient un minimum formés à la conduite de projet et aux implications de cette méthode de travail.

– Préférer des managers motivés à des managers spécialisés dans la future thématique des portefeuilles, sauf s'il est évidemment possible d'associer les deux facteurs.

Faire une liste des grands projets par portefeuille thématique

Le premier travail consiste à identifier les portefeuilles. Le plus simple est de prendre les différentes thématiques du plan d'actions et de les décliner en portefeuilles. On peut ainsi faire la liste des grands projets inclus dans chaque portefeuille.

– Faire un découpage qui reste raisonnable en termes de durée et ne pas dépasser deux ans pour le délai maximal de réalisation de chaque grand projet.

– Faire un découpage directement en petits projets s'il n'existe pas de grand projet.

Conseils

Conseils

Rencontrer les futurs porteurs de portefeuille

Confier un portefeuille de projets à un manager est un acte de délégation important. Il est nécessaire de préciser lors de cette délégation quels vont être les champs de pouvoir associés à cette responsabilité, et notamment la latitude donnée à l'intérieur du portefeuille pour agir sur les projets en fonction des aléas rencontrés en phase de pilotage.

Conseils ➔
- Rencontrer collectivement les porteurs de portefeuille afin de leur donner une vue transversale de la déclinaison du plan d'actions global, puis rencontrer individuellement les porteurs pour leur commenter en détail les différents projets.
- Définir les critères sur lesquels seront évalués les porteurs de portefeuilles.

Demander aux porteurs de portefeuille d'évaluer leur capacité à mener les projets

C'est un premier travail d'évaluation des ressources (humaines, matérielles, financières) nécessaires à la réalisation du portefeuille. Ce travail doit être réalisé par le porteur, car cela l'implique dans la réalisation et lui permet aussi de négocier les moyens nécessaires à la réalisation des objectifs.

Conseils ➔
- Ne pas communiquer l'évaluation des ressources si elle a été faite en amont, notamment lors de la réalisation du plan d'actions, cela permet d'avoir une autre vision de cette évaluation.
- Rester macro à ce stade et ne pas impliquer les chefs de projet dans cette évaluation, d'abord parce que ce ne sont que des macroprojets, ensuite parce que c'est le travail des managers que de réaliser les phases préalables à la gestion par projet.

Arbitrer entre les portefeuilles et communiquer

La macro-évaluation va permettre d'effectuer éventuellement des transits de ressources entre les portefeuilles. Ce travail peut remettre en cause le plan d'actions et donc le plan stratégique ; il faut donc accepter les différentes itérations dans cette élaboration.

Conseils

– Préférer la révision d'un plan stratégique, afin de le rendre faisable, à l'obstination sur les objectifs, quitte à démotiver les acteurs avec des projets qui échoueront.
– Refaire une communication aux managers sur les objectifs généraux s'ils ont été modifiés en profondeur à l'occasion des arbitrages entre portefeuilles.

Les 10 points à retenir

1. Former les porteurs de portefeuille à la fois à la gestion par projet (techniques de gestion d'un projet) et au management des projets (techniques de construction et de pilotage d'un portefeuille).

2. Répartir les portefeuilles entre les managers ou directeurs qui sont motivés tout en tenant compte des thématiques des portefeuilles.

3. Partir du plan d'actions pour décliner les grands projets et les répartir par portefeuille.

4. Limiter la taille des grands projets quitte à les décomposer tout de suite en projets qui seront directement confiés aux chefs de projet.

5. Faire une présentation collective et individuelle aux managers de leur portefeuille permet non seulement de leur donner une vue stratégique mais aussi de commenter les éléments du portefeuille.

6. Préciser aux porteurs de portefeuille la manière dont ils seront évalués et les critères de cette évaluation.

7. Faire l'évaluation des ressources nécessaires à la réalisation du portefeuille en restant macro.

8. Proposer des arbitrages dans et en dehors du portefeuille entre les différents projets du plan d'actions.

9. Réviser le plan stratégique si nécessaire et si les ressources sont insuffisantes.

10. Communiquer sur les révisions majeures qui remettraient en cause certains objectifs généraux.

4. Construire les portefeuilles

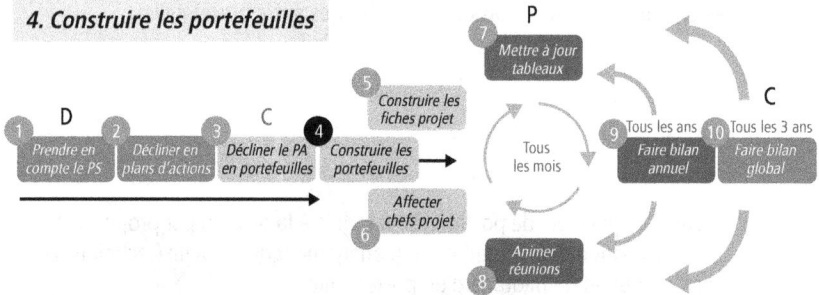

Acteurs réalisant cette fiche

Les directeurs de centre de profit   Les directeurs fonctionnels

Outil disponible

Présentation du portefeuille.

Actions à entreprendre

– Décliner les grands projets du portefeuille en projets.
– Classer les projets par thématiques.
– Construire le planning consolidé des projets au niveau macro.
– Construire le budget consolidé au niveau macro.
– Effectuer les arbitrages avec la direction générale sur l'opportunité.

Remarques

Il faut effectuer la décomposition du portefeuille en projets dans un premier temps sans se préoccuper de savoir si les chefs de projet sont disponibles pour le porter. Cette manière de construire indépendamment des ressources disponibles correspond à une logique de construction en fonction des objectifs et non des moyens, d'autant plus que certains projets pourront être externalisés.

4 Construire les portefeuilles

Décliner les grands projets du portefeuille en projets

Le découpage en projets des grands projets nécessite de faire une première liste des chefs de projet disponibles pour les porter. Ces chefs de projet peuvent être internes à l'unité managée par le responsable du portefeuille, externe à l'unité, ou externes à l'entreprise (fournisseur ou cabinet de consultants).

Conseils

– Décomposer les grands projets en « unités » maîtrisables par un seul chef de projet donne plus de chances d'aboutir que de donner la responsabilité à un chef de projet d'un périmètre trop grand.

– Découper les projets en lots cohérents avec un début et une fin, et un résultat palpable concret constituant un ensemble fini.

Classer les projets par thématique

L'intérêt du classement des projets par thématique c'est de pouvoir confier la responsabilité d'un ensemble de projets à un manager de service. Cette nouvelle délégation constitue un découpage du portefeuille en sous-portefeuilles. Cette façon de procéder présente des avantages en matière de délégation et de responsabilité, mais présente des inconvénients en matière de consolidation des données des projets à chaque étage de délégation.

Conseils

– Calquer les thématiques sur le découpage existant dans l'organigramme de l'entreprise.

– Faire un classement compréhensible par tous en communicant sur les raisons du découpage.

Construire le planning consolidé des projets au niveau macro

Le planning consolidé des projets doit être fait d'abord au niveau du portefeuille et ensuite au niveau des thématiques. Cette consolidation se fait pour vérifier l'enchaînement des projets entre eux et ainsi identifier les interdépendances.

Conseils

- Faire le macroplanning dans un premier temps indépendamment des ressources disponibles, cela permettra de se rendre compte à quel moment le portefeuille sera achevé.
- Proposer éventuellement des arbitrages entre projets pour favoriser les projets qui répondent le plus aux objectifs généraux du portefeuille.

Construire le budget consolidé au niveau macro

Il faut dans un premier temps faire une évaluation des ressources nécessaires à chaque projet (matérielles, humaines et sous-traitance). Il faut ensuite valoriser ces ressources en s'appuyant sur les règles de comptabilité analytique de l'entreprise. Le calcul du budget consolidé se fera en additionnant les budgets de tous les projets.

Conseils

- S'assurer que l'on va utiliser les mêmes règles de comptabilité analytique que pour les autres portefeuilles de projets de l'entreprise.
- Rester au stade macro en s'appuyant sur les données préalablement chiffrées dans les phases précédentes ; il ne s'agit pas de refaire tout le travail déjà réalisé en amont.

Effectuer les arbitrages avec la direction générale sur l'opportunité

L'opportunité devrait avoir déjà été évaluée par la direction générale puisque les projets sont inscrits dans les portefeuilles. Toutefois, l'évaluation des budgets peut permettre de se rendre compte que la contribution du projet à l'atteinte des objectifs généraux et les ressources nécessaires à sa réalisation ne sont pas en adéquation

Conseils

- Préparer des solutions d'arbitrage et les faire remonter à la direction générale.
- Faire attention à ne pas confondre à ce stade la notion de faisabilité et la notion d'opportunité : la faisabilité s'appuie sur l'adéquation des objectifs au sein d'un même projet, l'opportunité tient dans la contribution d'un projet aux objectifs généraux du portefeuille.

Les 10 points à retenir

1. Faire un découpage des grands projets en fonction des personnes compétentes pour les porter.
2. Préférer un découpage plus fin à un découpage grossier car les petits projets ont plus de chances d'aboutir.
3. Classer les projets par thématique en tenant compte du découpage de l'organigramme de l'entreprise.
4. Expliquer quel niveau de délégation est donné aux chefs de service par rapport aux chefs de projet qui travaillent sous leur coupe.
5. Assembler les projets d'un même portefeuille dans un macroplanning qui tient compte des liens entre les projets.
6. Faire la macroplanification dans un premier temps indépendamment des ressources afin de voir la date de fin au plus tôt.
7. Prendre en compte les règles de comptabilité analytique de l'entreprise et le périmètre de consolidation pour faire un calcul juste du budget.
8. Réutiliser les données fournies dans les étapes précédentes en s'assurant de leur mode de chiffrage.
9. Venir toujours avec des solutions correctives pour obtenir des arbitrages de la direction générale.
10. Proposer d'enlever les projets non rentables par rapport aux objectifs généraux.

5. Construire les fiches projet

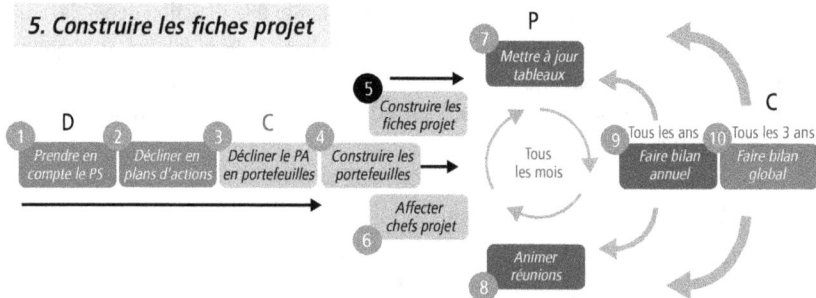

Acteurs réalisant cette fiche

Les directeurs de centre de profit — Les directeurs fonctionnels — Les managers de service

Outil disponible

Fiche projet.

Actions à entreprendre

– Définir le but de chaque projet.
– Faire la liste des livrables attendus.
– Définir le macroplanning de chaque projet.
– Définir le macrobudget de chaque projet.
– Évaluer la faisabilité globale de chaque projet.

Remarques

Les projets sont à ce stade jugés opportuns, donc en corrélation avec le plan stratégique ; il s'agit alors d'évaluer leur faisabilité au niveau macro. Pour ce faire, une analyse du triptyque coût-qualité-temps permettra de vérifier s'il y a un équilibre entre les objectifs à atteindre.

5 Construire les fiches projet

Définir le but de chaque projet

La rédaction du but ou objet est une étape essentielle de la préparation d'un projet parce qu'elle va permettre la communication en phase d'initialisation du projet, mais aussi tout au long du pilotage. D'une manière générale, on ne travaille jamais assez sur la définition du but ; c'est pourtant un moyen de s'assurer que les ressources humaines convergent dans leur compréhension du but à atteindre.

Conseils

- Faire plusieurs versions du but à atteindre jusqu'à trouver celle qui est la plus compréhensible pour tous.
- Rédiger le but sous forme concrète et pragmatique permet aussi de décliner correctement ensuite les objectifs.
- Faire une phrase courte et profiter de la rubrique contexte pour mettre les explications complémentaires.

Faire la liste des livrables attendus

Les livrables peuvent être matériels ou immatériels ; ils constituent ce que l'on va fabriquer dans le projet. Dans la majorité des cas un cahier des charges sera nécessaire pour décrire les livrables, mais à ce stade il faut simplement se contenter de les lister sans rentrer dans le détail.

Conseils

- Assortir la liste des livrables avec les principales « performances » attendues de ces livrables. Ces performances seront les moyens de mesure de l'atteinte des objectifs de qualité.
- Faire référence aux cahiers des charges fonctionnel et/ou technique s'ils existent déjà.

Définir le macroplanning de chaque projet

La construction du macroplanning consiste à donner les dates de début et de fin du projet, à identifier ses échéances intermédiaires et à décliner le projet en grandes étapes. Le macroplanning est une première approche grossière de la planification.

- Appuyer la construction du macroplanning sur les données fournies dans le portefeuille, notamment si le projet comporte des dates contraintes et non négociables.
- Indiquer que ce macroplanning ne constitue pas un engagement contractuel mais qu'il sera complété et validé par une planification détaillée plus tard dans le projet.

Définir le macrobudget de chaque projet

Il faut faire une évaluation plus précise des ressources nécessaires pour chaque tâche du macroplanning. Cette évaluation tiendra compte, comme précédemment, des règles de comptabilité analytiques de l'entreprise et déclinées pour tous les portefeuilles de projets.

- S'assurer que les modes de calcul du budget du projet sont identiques à ceux des autres projets.
- Faire un chiffrage macro en s'appuyant exclusivement sur le macroplanning.
- Calculer le budget du projet en « monnaie », même si dans l'entreprise on se contente de raisonner en charge.

Évaluer la faisabilité globale de chaque projet

La faisabilité est l'équilibre entre les trois objectifs : le résultat attendu ou livrable est-il compatible avec le temps donné pour le projet et les ressources allouées en tenant compte des contraintes imposées sur les objectifs ?

Conseils

➋ – Évaluer la faisabilité non seulement en termes d'équilibre des objectifs mais aussi de la quantité de contraintes imposées à ces mêmes objectifs. Un projet moins bien équilibré peut être plus faisable s'il dispose de marges de manœuvre et de négociation importantes.

– Formuler clairement les contraintes sur objectifs dans la fiche projet.

Les 10 points à retenir

1. Rédiger le but de chaque projet de manière concrète, pragmatique et simple, pour s'assurer de sa compréhension par tous les acteurs.

2. Valider la compréhension du but en faisant un test avec quelques acteurs.

3. Définir les objectifs de qualité en listant les livrables matériels et immatériels fabriqués dans le projet.

4. Qualifier les livrables avec des indicateurs de performance chiffrés.

5. Construire le macroplanning du projet en indiquant au minimum la date de début, la date de fin et les échéances intermédiaires du projet.

6. Ne prendre aucun engagement contractuel sur la base du macroplanning.

7. Calculer le budget en s'appuyant sur le découpage du macroplanning et en valorisant chacune des tâches.

8. Utiliser des règles de valorisation identiques pour toutes les tâches, tous les projets d'un même portefeuille et tous les portefeuilles d'une même entreprise.

9. Vérifier la faisabilité de chaque projet en gardant l'équilibre entre les trois types d'objectifs.

10. Faire apparaître dans la fiche projet les contraintes non négociables apposées sur chaque type d'objectif.

6. Affecter les chefs de projet aux projets

Acteurs réalisant cette fiche

Les directeurs de centre de profit   Les directeurs fonctionnels   Le chef de projet

Outil disponible

Note de cadrage.

Actions à entreprendre

– Présenter à chaque chef de projet les projets qu'il va piloter.
– Faire une communication globale sur le portefeuille et le plan stratégique.
– Rédiger les notes de cadrage des projets.
– Consolider les projets du portefeuille.
– Effectuer les arbitrages entre les projets.

Remarques

Le travail d'affinage effectué par les chefs de projet va permettre de vérifier à nouveau la faisabilité des projets et de faire une évaluation plus précise des ressources nécessaires. La consolidation des projets du portefeuille permettra aussi d'effectuer éventuellement les derniers réajustements du plan stratégique.

ⅰ Affecter les chefs de projet aux projets

Présenter à chaque chef de projet les projets à piloter

La rédaction des fiches projet a permis au responsable de portefeuille de faire un travail préalable sur la faisabilité du projet. Le projet est donc à ce stade réputé faisable ; il peut être délégué à celui qui va le porter et prendre la responsabilité de l'atteinte des objectifs.

Conseils ➔
- Prendre le temps d'expliquer les éléments du projet à partir de la fiche projet en commentant chacune des rubriques.
- Échanger avec le chef de projet sur ses préoccupations et la manière dont il compte mener le projet.
- Répondre à toutes les questions posées par le chef de projet.

Faire une communication globale sur le portefeuille et le plan stratégique

Il est nécessaire de bien insérer le ou les projets dans le contexte global. Cette manière de faire permet d'avoir une compréhension de la stratégie et de voir les liens entre les projets.

Conseils ➔
- Montrer le planning consolidé des projets afin que chaque chef de projet puisse voir les incidences de son projet sur les autres projets.
- Faire les réunions individuelles de présentation de chaque projet et compléter par des réunions collectives qui permettent les échanges entre les chefs de projet.
- Prévoir une capitalisation sur les projets similaires à l'occasion de la réunion collective.

Rédiger les notes de cadrage des projets

La note de cadrage vient compléter la fiche projet ; elle permet de préciser chacune des rubriques en allant plus dans le détail de chaque point. Cette façon de procéder permet l'appropriation par le chef de projet du projet et la vérification éventuelle de certains points comme la faisabilité détaillée du projet. Ce travail doit être réalisé exclusivement par le chef de projet.

Conseils

- Compléter la liste des livrables par un cahier des charges qui viendra en annexe de la note de cadrage.
- Décliner les dates données dans la fiche projet en macroplanning annexée à la note de cadrage.
- Constituer un macrobudget en travaillant à partir du macroplanning.
- Compléter les éléments du contexte du projet.
- Commencer à constituer l'équipe qui va venir en appui du chef de projet.

Consolider les projets du portefeuille

La consolidation à ce stade se fait sur la base des macroplannings et des macrobudgets. C'est un travail qui peut être réalisé avec les chefs de projet ou uniquement par le porteur du portefeuille de projets. La consolidation doit être ensuite comparée avec la consolidation précédente pour mesurer les écarts dans le portefeuille et au niveau du plan stratégique.

Conseils

- Faire une première consolidation au niveau de la planification sans tenir compte des ressources disponibles.
- Faire ensuite une consolidation des ressources communes aux projets en se rappelant que l'on est toujours au niveau macro.
- Mettre en évidence les gros conflits de ressources, notamment au niveau de l'utilisation des ressources humaines internes.

Effectuer les arbitrages entre les projets

Les arbitrages sont à réaliser en fonction des objectifs du portefeuille et du plan stratégique. Ils nécessitent un premier travail de recherche de solutions dans les trois axes coût-qualité-temps en privilégiant les axes donnés par la direction générale.

- Construire des scénarios qui permettent de préserver les objectifs généraux parfois au détriment des projets.
- Insérer le portefeuille dans le cadre du plan stratégique et demander des arbitrages généraux à la direction générale.
- Effectuer autant de boucles de négociation que nécessaire avant de recommuniquer aux chefs de projet les nouveaux éléments.

Les 10 points à retenir

1. Donner au chef de projet tous les éléments qui ont été réalisés en amont de sa prise de fonction (étude d'opportunité, étude de faisabilité…).
2. Prendre du temps pour échanger avec le chef de projet et répondre à toutes ses interrogations est un investissement rentable qui évite les incompréhensions.
3. Prévoir une communication et des explications à la fois sur le portefeuille mais aussi son insertion dans le plan stratégique.
4. Prendre le temps de faire une communication collective et une communication individuelle sur la stratégie globale.
5. Rédiger la note de cadrage et la faire valider par le commanditaire du projet.
6. Considérer que le projet ne peut pas démarrer tant que la note de cadrage n'a pas été réalisée et validée.
7. Récupérer les macroplannings des projets et effectuer une consolidation pour voir si c'est en adéquation avec les objectifs généraux du portefeuille.
8. Effectuer aussi une consolidation au niveau des charges des ressources et du budget des projets.
9. Effectuer les arbitrages sur les projets du portefeuille en s'appuyant sur les trois volets coût-qualité-temps.
10. Faire autant de boucles de négociation que nécessaire plutôt que de lancer les chefs de projet sur des données qui vont être modifiées.

7. Mettre à jour les tableaux de bord

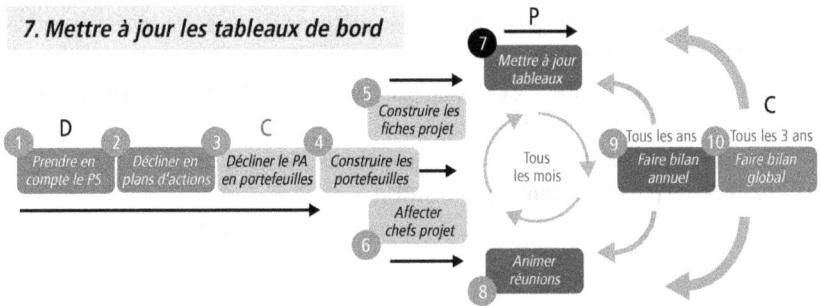

Acteurs réalisant cette fiche

Le coordinateur de projet — Le chef de projet — L'équipe projet

Outil disponible

Tableau de bord.

Actions à entreprendre

– Relancer les chefs de projet pour le reporting.
– Mettre à jour les données de planification et de budget.
– Qualifier les résultats des projets.
– Qualifier les résultats des chefs de projet.
– Consolider les données et préparer les arbitrages.

Remarques

Le travail du coordinateur de projets est essentiel car les managers responsables des portefeuilles n'ont pas le temps de récupérer les données et de les consolider dans des tableaux. Ce travail est d'autant plus essentiel qu'il donne une vision transverse à la direction générale, sans avoir pour le coordinateur la pression des enjeux des directions porteuses des portefeuilles.

Mettre à jour les tableaux de bord

Relancer les chefs de projet pour le reporting

Le travail de relance est extrêmement éprouvant parce que les chefs de projet considèrent que les tableaux de bord qu'ils doivent réaliser, et qui sont souvent macro, n'apportent pas une vraie opérationnalité et une vraie rentabilité au niveau du projet ; il faut toutefois « tenir la distance » en exigeant de manière récurrente et régulière les informations dans les formats demandés.

Conseils

- Rappeler aux chefs de projet qu'ils doivent respecter le formalisme et les outils qui sont fournis pour le reporting.
- Fixer une date de fourniture des éléments du reporting, par exemple le jeudi soir et s'y tenir de manière rigoureuse.
- Ne rien lâcher tout en restant dans un rôle d'aide (ce travail étant effectué par le coordinateur de projet).

Mettre à jour les données de planification et de budget

L'intégration des données fournies par les chefs de projet va être faite dans un ou deux tableaux de planification et de budget. Toutes les données de tous les projets doivent être visibles dans un même tableau, ce qui impose de raisonner au niveau macro, quitte à synthétiser les informations fournies par les chefs de projet.

Conseils

- Ne pas oublier qui va utiliser les plannings et les budgets consolidés permet de trouver le bon niveau de maille d'information.
- Soigner la présentation en n'oubliant pas que l'objectif est le suivi consolidé des projets et les arbitrages entre projets.

Qualifier les résultats des projets

Il est nécessaire d'apprécier la qualité globale des projets, à savoir si les objectifs sont remplis conformément au plan de marche sur les trois plans coût-qualité-temps. Pour ce faire, le système VOR (vert-orange-rouge) est le plus simple. Chaque projet reçoit ainsi une pastille qui qualifie son état.

Conseils

– Utiliser les états du projet de la manière suivante : vert, les objectifs sont conformes ; orange, certains objectifs sont en deçà des résultats attendus ; rouge, tous les objectifs sont en deçà des résultats attendus.

– Chaque qualification du projet doit être accompagnée par un commentaire permettant d'étayer le choix de couleur fait par le coordinateur de projets.

Qualifier les résultats des chefs de projet

Au-delà du projet, c'est aussi intéressant de qualifier le chef de projet dans son comportement qui doit être jugé par sa capacité à respecter la méthodologie commune mise en place dans l'entreprise. Cette qualification peut être faite aussi avec les indicateurs VOR.

Conseils

– Utiliser le VOR de la manière suivante : vert, grand respect de la méthode et des outils ; orange, respect partiel de la méthode et des outils ; rouge, non-respect de la méthode et des outils.

– Penser qu'il n'y a pas toujours un lien entre les résultats atteints et la manière de les atteindre. Toutefois, le portefeuille est aussi une logique collective dans laquelle tous les projets et les chefs de projet doivent rentrer.

Consolider les données et préparer les arbitrages

Le mieux c'est de réaliser de manière régulière un diaporama Power Point qui présente les données de planification, de budget, de qualification des projets, de qualification des chefs de projet, et d'appuyer ce diaporama très synthétique par des documents sur chaque thématique.

- Préparer pour les décideurs une lecture à deux niveaux (très synthétique, plus détaillée) de façon à ce qu'ils puissent naviguer du détail (un projet) vers la synthèse (tous les projets).
- La qualité des documents influe sur la capacité à effectuer les arbitrages.
- Proposer des solutions pour les projets étant en grande difficulté.

Les 10 points à retenir

1. Mettre en place un système de reporting, et s'y tenir de manière régulière en ne « lâchant » pas les chefs de projet.

2. Expliquer et réexpliquer l'utilité de ce reporting et la nécessité d'avoir une consolidation des projets.

3. Construire des tableaux de bord consolidés de planning et de budget en n'oubliant pas que ce sont des décideurs qui vont l'utiliser, ce qui nécessite un bon niveau de synthèse.

4. Préparer les tableaux de bord en favorisant la prise de décision ; il faut que l'exploitation des données soit « confortable » pour les décideurs.

5. Utiliser le système VOR (vert, orange, rouge) pour qualifier les projets et les chefs de projet.

6. Mettre en place le système VOR sur les projets en fonction des objectifs qui doivent être atteints au moment où on fait le point sur le projet.

7. Mettre en place le système VOR pour les chefs de projet en fonction de leur respect de la méthode et des outils.

8. Communiquer sur l'utilité du système VOR en essayant d'éviter que cela soit uniquement un système à sanctions.

9. Mettre l'ensemble des données dans un diaporama Power Point formaté pour la présentation et la prise de décision.

10. Étayer le diaporama par des documents complémentaires remis aux décideurs afin qu'ils puissent avoir une maille d'informations plus détaillée.

8. Animer les réunions

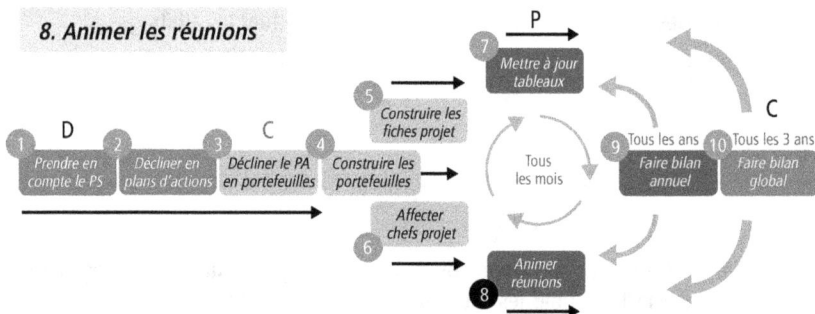

Acteurs réalisant cette fiche		
Le coordinateur de projet	La Direction générale	Le chef de projet

Outil disponible
Relevé de décisions.

Actions à entreprendre

– Mettre en place le planning annuel des réunions de pilotage.
– Animer les réunions de suivi des portefeuilles.
– Animer les réunions de présentation des projets.
– Rédiger les comptes rendus de réunions.
– Communiquer les arbitrages généraux.

Remarques

C'est un système établi à deux vitesses qui implique à la fois les responsables de portefeuilles vis-à-vis de la direction générale, par exemple de manière mensuelle, mais aussi qui permet au moins une fois par an aux chefs de projet d'avoir un contact direct avec la direction générale.

3 Animer les réunions

Mettre en place le planning annuel des réunions de pilotage

Les réunions de pilotage du plan stratégique doivent être planifiées sur une année entière, car elles mobilisent des acteurs qui ont un emploi du temps difficile à construire à court terme. Il faut que ce soit le coordinateur de projets qui les planifie et le directeur général qui communique à ses collaborateurs les dates de réunion.

Conseils

- Impliquer la direction générale dans la planification permet de rendre « obligatoire » la présence à ces réunions.
- Faire une communication globale au moins trois mois à l'avance et sur l'année entière, par exemple en octobre 2009 pour toute l'année 2010.

Animer les réunions de suivi des portefeuilles

Les réunions de suivi des portefeuilles sont généralement réalisées mensuellement sous la coupe de la direction générale. Chaque responsable de portefeuille présente l'état de son portefeuille et les commentaires associés sans descendre trop dans le détail. Il peut être utile de mettre en place de manière alternative l'examen plus approfondi d'un portefeuille particulier à chaque réunion, et ceci en alternance avec les autres portefeuilles.

Conseils

- Laisser la présentation des portefeuilles à chacun des responsables de façon à les engager pleinement ; ce n'est donc ni la direction générale ni le coordinateur de projets qui doit commenter les portefeuilles.
- Ne pas mélanger cette réunion avec d'autres thématiques de l'entreprise, rester dans une thématique purement projet et stratégie.

Animer les réunions de présentation des projets

Tous les mois il est utile qu'un chef (ou deux) de projet vienne présenter dans le détail son projet. Ce n'est pas vraiment un objectif opérationnel mais plutôt un objectif de valorisation du chef de projet qui a donc un accès direct à la direction générale. C'est intéressant à la fois pour la direction de se rendre compte de la réalité du terrain, et pour les chefs de projet pour voir la problématique globale de coordination.

Conseils

– Donner 30 minutes au chef de projet pour son projet (20 minutes de présentation et 10 minutes de questions).
– Éviter que cela soit une sanction mais plutôt valoriser le travail des chefs de projet.
– Profiter de ce moment pour inviter le chef de projet à déjeuner avec la direction.

Rédiger les comptes rendus de réunion

La rédaction des comptes rendus doit être faite par le coordinateur de projet. Il prépare les réunions, les anime dans leur forme (et pas dans leur contenu), fait la synthèse orale à chaque fin de réunion et rédige le compte rendu de réunion.

Conseils

– Faire un compte rendu synthétique qui s'apparente plus à un relevé de décisions qu'à un vrai compte rendu.
– Être vigilant sur la confidentialité de certaines informations du compte rendu parce que cela donne une vision stratégique de l'entreprise.
– Faire valider le compte rendu par la direction générale avant toute diffusion.

Communiquer les arbitrages généraux

Cela consiste, à partir du compte rendu sur les portefeuilles, à décliner les décisions projet par projet et à communiquer les informations aux chefs de projet à travers les commanditaires des projets et les responsables de portefeuille. Le coordinateur de projet est chargé de ce travail de préparation du reporting descendant.

- Préparer le reporting de manière rapide, au pire le lendemain des réunions de pilotage.
- Vérifier que l'information est bien redescendue aux chefs de projet au plus tard deux jours après la réunion de pilotage.
- Accompagner par explications complémentaires les décisions prises, notamment pour celles qui émanent d'arbitrages entre les projets.

Les 10 points à retenir

1. Préparer très à l'avance, et pour une année, le calendrier des réunions de pilotage des portefeuilles compte tenu des agendas des participants.

2. S'appuyer sur la direction générale pour communiquer sur ce planning et insister sur la présence obligatoire des participants.

3. Mettre en place des réunions de courte durée centrées sur les portefeuilles et la stratégie de l'entreprise.

4. Laisser chaque responsable de portefeuille présenter son état des lieux et les arbitrages, même si le travail de préparation a été effectué par les coordinateurs de projets.

5. Faire venir les chefs de projet au moins une fois dans l'année pour parler plus en profondeur de leur projet afin de les valoriser.

6. Donner un temps limité à chaque chef de projet pour présenter son projet et répondre aux questions.

7. Décliner les décisions prises dans un relevé de décisions global qui sera ensuite décomposé projet par projet.

8. Laisser les commanditaires ou les responsables de portefeuille transmettre les décisions prises aux chefs de projet.

9. Donner les explications complémentaires pour les arbitrages entre projets, surtout pour les projets où l'on a amputé des ressources au profit d'autres projets.

10. Faire descendre l'information aux chefs de projet le plus rapidement possible pour ne pas laisser des bruits de couloirs démotivants circuler.

9. Faire le bilan annuel

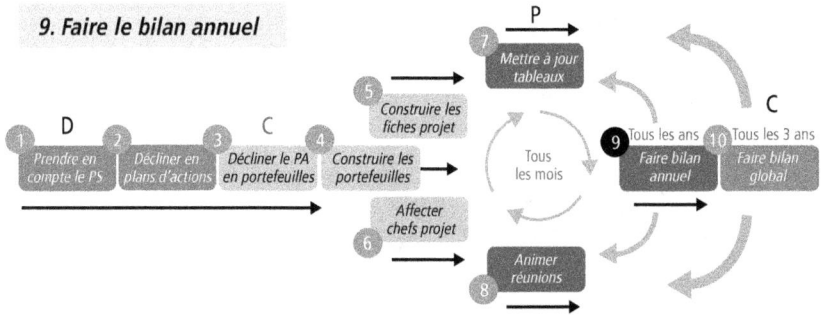

Acteurs réalisant cette fiche

Le coordinateur de projet — La Direction générale — Les directeurs de centre de profit

Outil disponible

Bilan d'année.

Actions à entreprendre

– Reprendre les relevés de décision de l'année.
– Comparer les résultats obtenus avec les résultats prévus.
– Rédiger le bilan de l'année.
– Proposer des actions correctives.
– Communiquer les actions correctives.

Remarques

Le plan stratégique peut être décomposé en plans tactiques pour chaque année du plan global. Cette logique revient donc à avoir un mini-plan chaque année avec des objectifs particuliers et un axe stratégique annuel sur lequel on communique. Le bilan factuel et concret (que l'on espère positif au moins dans sa forme) permet de remobiliser les ressources pour l'année suivante.

9 Faire le bilan annuel

Reprendre les relevés de décision de l'année

Il faut retracer tous les évènements de l'année de façon chronologique. Les relevés de décision vont permettre de voir tous les arbitrages qui ont été effectués tout au long de la vie des portefeuilles et tracer les évènements majeurs. Ce travail doit être effectué par le coordinateur de projets qui est la seule personne à détenir toutes les informations concernant tous les projets et de manière transversale.

Conseils ➔
- Compléter les éléments des relevés de décision avec les plannings et les budgets des différents projets.
- Utiliser les bilans des projets qui ont été achevés dans l'année en cours.
- Reprendre le bilan de l'année passée pour voir si certains éléments méthodologiques ont évolué.

Comparer les résultats obtenus avec les résultats prévus

Les résultats doivent être vus sur trois plans : les résultats attendus des projets, les plannings et les budgets des projets. Chaque projet doit être évalué sur les trois plans de manière globale et par rapport à l'année qui s'est écoulée. Ensuite, il faut faire une évaluation globale consolidée au niveau du portefeuille puis au niveau du plan stratégique, là aussi sur les trois plans.

Conseils ➔
- Mettre des commentaires à côté des indicateurs de résultat afin d'expliquer éventuellement les écarts qui ne seraient pas de la responsabilité des chefs de projet ou des responsables de portefeuille.
- Présenter les documents sous la forme de trois tableaux séparés (projets, portefeuille, plan stratégique).

Rédiger le bilan de l'année

Le bilan doit être synthétique et agréable à lire et à présenter ; il faut donc soigner la présentation. Le plan pourrait être : présentation des objectifs, objectifs atteints, reste à faire, commentaires. Ce bilan va être réalisé sur les trois niveaux (projet, portefeuille, plan stratégique).

Conseils

– Mettre tous les documents détaillés en annexe (tableaux de bord, plannings détaillés si nécessaire, budgets détaillés…) afin que le document reste synthétique.
– Laisser la place dans le document afin que les participants puissent y mettre des notes manuscrites.

Proposer des actions correctives

Vient ensuite le travail de propositions qui doit être fait avec les trois niveaux (chefs de projet, responsables de portefeuille, direction générale). À partir du bilan réalisé, et en individuel avec chacun des responsables, le coordinateur de projets va rédiger les actions correctives. Ensuite, des réunions communes peuvent être organisées pour coordonner les actions correctives et les rendre cohérentes.

Conseils

– Respecter dans un premier temps la confidentialité des éléments du bilan avant d'avoir vu chacun de manière individuelle.
– Laisser la responsabilité des actions correctives à chacun des responsables permet d'impliquer tous les niveaux dans la suite de la mise en œuvre du plan stratégique.

Communiquer les actions correctives

Les actions correctives concernent l'ensemble des acteurs qui participent au projet ; il est donc nécessaire d'informer l'ensemble des collaborateurs à la fois des décisions prises sur les projets mais aussi au niveau du plan stratégique.

Conseils ➋

- Profiter de la réunion annuelle de l'entreprise pour communiquer sur les réajustements du plan.
- Rappeler lors de cette réunion les orientations initiales et les nouvelles orientations s'il y en a.
- Communiquer de manière transparente en ayant bien préparé tous les arguments pour expliquer les réorientations.

Les 10 points à retenir

1. Reprendre tous les documents qui tracent les projets et faire une compilation des évènements majeurs en respectant l'ordre chronologique.

2. Reprendre le bilan de l'année passée pour compléter l'analyse.

3. Comparer tous les éléments des projets entre le prévu et le réalisé sur les trois plans (résultats attendus, planning et budget).

4. Faire l'analyse au niveau projet, portefeuille et plan stratégique.

5. Commencer la rédaction du bilan en soignant la présentation et en mettant en annexe les documents détaillés.

6. Réserver de la place dans le bilan afin que chacun des responsables puisse commenter le bilan.

7. Travailler de manière individuelle avec chaque responsable (projet, portefeuille, plan stratégique) pour apporter des mesures correctives aux dérives constatées.

8. Travailler ensuite de manière collective pour rendre cohérentes les mesures correctives.

9. Préparer une communication à l'ensemble du personnel pour présenter le bilan et les actions correctives associées.

10. Rappeler les objectifs généraux de départ et montrer le chemin restant à parcourir pour les atteindre.

10. Faire le bilan global

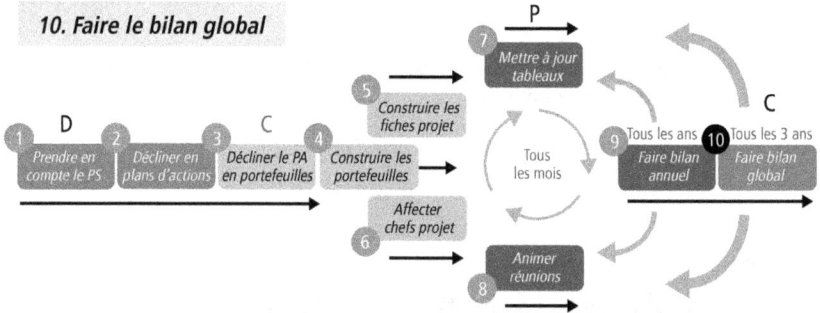

Acteurs réalisant cette fiche		
Le coordinateur de projet	La Direction générale	Les directeurs de centre de profit

Outil disponible

Bilan global.

Actions à entreprendre

– Vérifier que les bilans de projet sont tous réalisés.
– Faire la liste de tous les projets restants ou qui ont échoué.
– Faire une analyse des résultats par portefeuille.
– Présenter le bilan du plan global.
– Archiver les éléments du plan.

Remarques

Le bilan nécessite la participation de tous, des chefs de projet jusqu'à la direction générale. Cette phase nécessite que l'on réserve du temps pour la réaliser et donc que l'on «ralentisse» l'activité des projets afin de réfléchir et capitaliser. La capacité d'une entreprise à réserver du temps pour capitaliser et construire est le reflet de sa capacité à innover.

❚[0] Faire le bilan global

Vérifier que les bilans de projet sont tous réalisés

Nous sommes à la fin du plan stratégique, ce qui veut dire que normalement tous les projets du plan doivent être achevés. Il est donc nécessaire que tous les bilans des projets soient effectués. Les bilans doivent être faits par les chefs de projet, avec éventuellement l'aide du coordinateur de projets.

➋ **Conseils**
- Clôturer tous les projets même s'ils ne sont pas terminés, cela peut être fait par un bilan intermédiaire si certains projets doivent malgré tout se poursuivre au-delà du plan actif.
- Informer les chefs de projet suffisamment en amont de la fin du plan, par exemple trois mois à l'avance de façon à ce qu'ils puissent préparer la clôture des projets.

Faire la liste des projets restants ou qui ont échoué

La liste des projets doit comprendre les projets qui se sont arrêtés en cours, les projets dont le résultat n'a pas été exploité, les projets qui nécessitent d'être poursuivis. La notion d'échec doit être déterminée par deux critères : arrêt en cours décidé par le commanditaire ou le comité de pilotage, inutilité du résultat produit évalué par les clients du projet.

➋ **Conseils**
- Faire évaluer l'état final des projets par les chefs de projet et les responsables de portefeuille pour ne pas faire d'impair.
- Séparer dans la liste les différents projets par leurs motifs d'arrêt et assortir cette liste par des commentaires faits par le chef de projet.

Faire une analyse des résultats par portefeuille

L'analyse du résultat par portefeuille doit être faite à partir des objectifs généraux du portefeuille et aussi projet par projet. Cette analyse est avant tout qualitative, et il est nécessaire de prendre du recul non pas par rapport au nombre de projets réussis mais dans la contribution à l'atteinte des objectifs généraux.

Conseils ➲
- Prendre en compte aussi les changements d'objectifs, notamment ceux qui ont été mis en place à la fin de chaque année (ou chaque plan tactique si cette appellation a été utilisée).
- Faire ce travail à la fois en individuel, avec les chefs de projet et les responsables de portefeuille, et en collectif, afin de faire un bilan global.

Présenter le bilan du plan global

Une fois que les bilans ont été faits au niveau des portefeuilles, il faut aussi effectuer les bilans au niveau global. C'est un travail préparatoire qui doit être fait avec la direction générale et le comité de direction si nécessaire. Cette prise de hauteur progressive (au niveau projets, au niveau portefeuilles, au niveau plan stratégique) permet à chacun d'avoir un niveau de bilan adapté à ses préoccupations et de synthétiser l'information sur la base d'éléments factuels et réels.

Conseils ➲
- Mettre en perspective les objectifs initiaux du plan, les réajustements annuels des objectifs et les objectifs réellement atteints.
- Construire une manifestation permettant de communiquer les résultats (qu'ils soient positifs ou négatifs) à l'ensemble du personnel de la structure.
- Préparer minutieusement en termes de forme et de fond cette manifestation, et notamment les questions-réponses.

Archiver les éléments du plan

L'archivage des documents du plan peut se faire à plusieurs niveaux : chef de projet, coordinateur de projets, responsable de portefeuille, direction générale. Cet archivage doit aussi se faire en fonction des niveaux de confidentialité des informations du plan.

Conseils

- Construire l'archivage dans un but de réutilisation dans le plan suivant.
- Archiver les projets à part afin que les futurs chefs de projet puissent y accéder facilement et capitaliser.

Les 10 points à retenir

1. Informer les chefs de projet suffisamment tôt, trois mois à l'avance afin qu'ils préparent la clôture et les bilans de leur projet.

2. Fermer les projets en cours et prévoir un redémarrage plutôt que de laisser des projets à cheval sur deux plans stratégiques.

3. Classer les projets en plusieurs catégories : échec, réussite, restant, en assortissant cette liste de commentaires qualitatifs.

4. Faire faire les commentaires directement par les chefs de projet pour chaque projet.

5. Faire une analyse des résultats globaux du portefeuille en comparant les objectifs atteints avec les objectifs initiaux.

6. Prendre en compte dans l'analyse du portefeuille les changements d'objectifs généraux décidés et pilotés qui ne doivent pas être considérés comme des échecs.

7. Faire une analyse globale du plan en partant des éléments des portefeuilles et des projets.

8. Rester pragmatique et concret afin que le bilan ne soit pas « politique » mais factuel.

9. Préparer l'archivage de chaque projet afin que les éléments puissent être réutilisés par d'autres chefs de projet.

10. Faire attention aux problèmes de confidentialité dans les éléments archivés.

PARTIE 2

LES OUTILS

Les outils

Cette partie est destinée à ceux qui veulent mettre en œuvre les techniques de gestion d'un portefeuille de projets. Vous pouvez soit avoir lu la première partie et mettre en œuvre les outils dans l'ordre dans lequel ils sont indiqués dans la méthode, soit vous constituer votre propre méthode en assemblant les outils à votre guise.

DESCRIPTION DÉTAILLÉE

Vous trouverez dans cette partie la description de tous les outils cités dans la partie 1. Pour chaque outil vous trouverez un mode d'emploi qui contient les éléments suivants :

- les finalités de l'outil dans la rubrique « À quoi cela sert ? »
- les acteurs impliqués dans la mise en œuvre de l'outil dans la rubrique « Rédacteurs/cibles ? »
- un mode d'emploi du document associé dans la rubrique « Comment utiliser le document ? »
- des conseils généreux de mise en œuvre.

POINTS IMPORTANTS

Cette partie nécessite d'avoir compris la logique d'un portefeuille car la réussite tient plus dans la méthode que dans les outils.

Les outils présentés sont des bases de travail ; ils peuvent être personnalisés pour s'adapter à chaque cas. La personnalisation d'un outil est souvent synonyme d'appropriation.

Il vous est possible avec l'expérience de créer vos propres outils afin d'enrichir votre « boîte à outils » et d'ouvrir votre spectre d'analyse.

À retenir ➡ Le respect de la logique globale est le point le plus important. La mise en œuvre d'un portefeuille, c'est surtout une logique qu'il faut respecter pour ne rien oublier. Les outils servent aussi de check-list afin d'éviter les oublis et de faciliter la réflexion (voir schéma page 114).

Les outils sont utilisés aux étapes suivantes de la méthode :

Nom de l'outil	Étapes où l'outil est utilisé
Grille d'analyse du plan stratégique	1
Plan d'actions	2
Grille de déclinaison du plan d'actions	3
Présentation du portefeuille	4
Fiche projet	5
Note de cadrage	6
Tableau de bord	7
Relevé de décisions	8
Bilan d'année	9
Bilan global	10

À retenir ➡ Certains outils sont déjà présentés et utilisés dans les ouvrages *L'analyse des besoins, Analyse technique et réalisation, Tests et mise en service* et *Le kit du chef de projet*. Leur présentation est la même dans la partie 2 que vous allez lire. Leur application dans les exemples de la partie 3 est différente car leur utilisation est faite non plus dans le cadre d'une analyse des besoins, d'une analyse technique ou d'une réalisation, mais dans le cadre de la gestion d'un portefeuille de projets.

Les outils de cette partie sont présentés de la manière suivante :
• des définitions permettant de comprendre les objectifs de l'outil ;
• les acteurs participant à l'élaboration du document associé à l'outil ;
• le mode d'emploi pour remplir le document associé ;
• quelques conseils généraux.

1 Grille d'analyse du plan stratégique

À quoi cela sert?

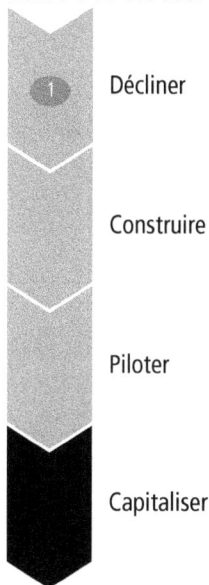

Dans quels cas utilise-t-on cet outil ?

- Mettre à plat de manière synthétique le plan stratégique du plan précédent.
- Formuler la vision et les objectifs généraux de la direction générale, et éventuellement des actionnaires.
- Commencer une première liste de projets pour atteindre les objectifs généraux.

Point de départ de la démarche globale, cet outil permet de se remettre dans le contexte d'une démarche stratégique, prendre en compte le plan stratégique et commencer à le décliner en projets.

Cet outil nécessite qu'il y ait en amont l'élaboration d'un plan stratégique émanant d'une démarche d'analyse stratégique.

Décliner

Construire

Piloter

Capitaliser

Rédacteurs/cibles

Réalisée par	Coordinateur de projets
Adressée à	Direction générale

Affinage du document jusqu'à sa validation avec le décideur.

Conseils ➜
- Prendre le temps nécessaire pour remplir ce document, voire pour clarifier le plan stratégique lorsqu'il n'est pas complet ou incompréhensible.
- Ce document ne peut pas se substituer à un défaut de plan stratégique car il ne comprend pas les outils d'analyse stratégique (analyse de l'environnement concurrentiel, analyse des produits et des services, diagnostic organisationnel…).

Comment utiliser le document?

Objectifs généraux formulés	← Décrire les objectifs qui ont été énoncés lors du plan stratégique précédent au départ du plan.
Objectifs généraux atteints	← Décrire les objectifs généraux réellement atteints à la fin du plan précédent.
Objectifs généraux non atteints	← Lister les objectifs qui étaient prévus et qui n'ont pas été atteints.
Appréciation générale du Dirigeant sur le plan précédent	← Demander l'appréciation du dirigeant qui a été responsable de la mise en œuvre du plan.
Éléments fournis par les actionnaires	← Donner la vision des actionnaires principaux sur les résultats du plan.
Éléments fournis par les responsables de centre de profit	← Donner la vision sur la réussite du plan aux principaux dirigeants des centres de profit de l'entreprise.

Formulation des objectifs généraux par le ou les dirigeants :
- Objectifs de développement
  - o –
  - o –
  - o –
- Objectifs de CA
  - o –
  - o –
  - o –
- Objectifs d'organisation
  - o –
  - o –
  - o –

← Reprendre les différents objectifs énoncés dans le plan stratégique et les décliner si ce n'est pas déjà fait en deux grands types : développement de produit ou de services et organisation. Indiquer aussi la hauteur du chiffre d'affaires nécessaire année par année du plan stratégique.

Formulation de la vision de la direction :

- Nom du plan stratégique :
- Définition du plan :
- Éléments de réussite du plan :
    - Commercial :
    - Marketing :
    - RH :
    - Structurels :
    - Financiers :
    - Production :

Reprendre la formulation de la vision (aspects mobilisateurs du plan), les éléments principaux qui définissent le plan stratégique.
Décliner les facteurs de succès du plan pour chacune des thématiques de l'entreprise.

Projets déjà commencés

Faire la liste des projets qui contribuent aux objectifs du plan stratégique et qui ont déjà commencé, noter les objectifs déjà atteints.

Projets listés par la direction

Faire la liste des projets que la direction a déjà énoncés.

Projets listés par les responsables de centre de profit

Faire la liste des projets que les responsables des centres de profit ont déjà énoncés.

Conseils

– Attention à ne pas mettre les dirigeants en difficulté lorsque certaines informations sont trop confidentielles ou certains objectifs trop personnels. Il faut rester dans un registre de ce qui peut être communiqué à toutes les strates de l'entreprise.

➋ Plan d'actions

À quoi cela sert ?

- Décomposer les objectifs généraux en thématiques.
- Lister les objectifs généraux des thématiques.
- Prioriser les actions à mettre en place en fonction des objectifs généraux.

Rédacteurs/cibles

Réalisé par	Direction générale Directeurs
Adressé à	Directeurs des centres de profit

Travail en groupe qui peut être assisté par le coordinateur de projet ou/et un consultant externe.

Comment utiliser le document ?

Dans quels cas utilise-t-on cet outil ?

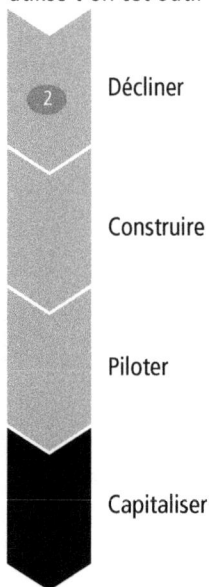

2 Décliner

Construire

Piloter

Capitaliser

Reprendre la formulation de la vision ou des objectifs généraux du plan stratégique.

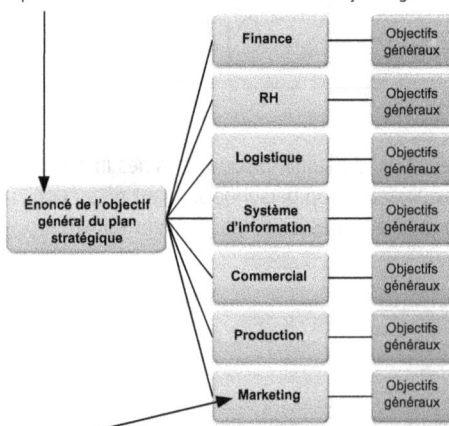

Énoncé de l'objectif général du plan stratégique

Finance — Objectifs généraux
RH — Objectifs généraux
Logistique — Objectifs généraux
Système d'information — Objectifs généraux
Commercial — Objectifs généraux
Production — Objectifs généraux
Marketing — Objectifs généraux

Pour chaque thème indiquer les objectifs généraux découlant des objectifs généraux du plan global.

Faire la liste des thèmes en pensant à l'organisation de l'entreprise (thèmes fonctionnels et opérationnels).

Reprendre les thématiques telles qu'elles ont été découpées dans le graphe précédent (on peut aussi indiquer dans cette case les objectifs généraux par thématique).

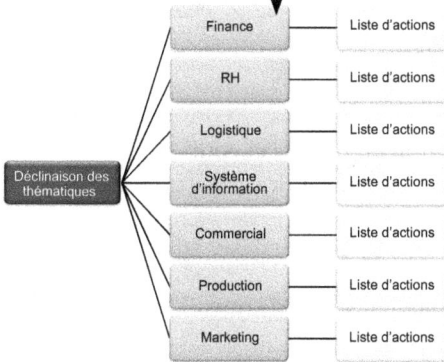

Pour chaque thématique faire la liste des actions à entreprendre pour atteindre les objectifs généraux.

Reprendre les actions d'une même thématique.

Action	Thématique	Priorité (1-2-3)

Indiquer en quoi l'action permet de se rapprocher des objectifs généraux :
1 : à mettre en œuvre obligatoirement ;
2 : peut être négocié ;
3 : optionnel.

Indiquer l'intitulé de la thématique.

Conseils

– Travailler soit en groupe (ce qui est le plus difficile mais aussi le plus riche) avec tous les responsables de toutes les thématiques et remplir le tableau en utilisant dans un premier temps un paperboard, ou laisser travailler de manière individuelle les responsables de chacune des thématiques puis consolider les résultats.

– On peut mixer les deux en demandant d'abord un travail individuel puis en groupe avec la production de chacun. Ces techniques peuvent être combinées avec un brainstorming.

– Mettre en place un glossaire pour les mots utilisés pour définir les actions à entreprendre ; faire préciser à chacun ce qu'il entend et illustrer par des exemples.

– N'éliminer *a priori* aucune idée.

3 Grille de déclinaison du plan d'actions

Dans quels cas
utilise-t-on cet outil ?

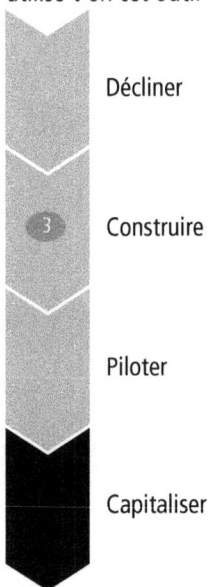

À quoi cela sert ?

- Décomposer chaque grande action en projets et commencer à construire les différents portefeuilles.
- Effectuer une évaluation de chaque projet.
- Évaluer la faisabilité des projets.
- Lister les projets retenus et évaluer la charge de travail globale pour chaque projet.

Décliner

Construire

Piloter

Capitaliser

Rédacteurs/cibles

Réalisée par	Directeurs de centre de profit Directeurs Coordinateur de projets
Adressée à	Direction générale Responsables de portefeuilles

C'est un travail conjoint de construction de la liste des projets. C'est un début de décomposition en portefeuilles et une étude de faisabilité au niveau macro. Tous les acteurs décisionnels sont partie prenante.

Conseils

- Négocier des ressources supplémentaires pour les projets qui contribuent fortement à l'atteinte des objectifs généraux (la présence de la direction générale peut être à ce moment-là très précieuse).
- Travailler éventuellement avec les experts de chaque thématique afin d'avoir une évaluation des charges et des coûts qui soit la plus réaliste possible.
- Utiliser une logique de capitalisation, en partant notamment des bilans des projets des précédents plans qui vont donner des indicateurs de charge et de coûts très proches de la réalité.

Comment utiliser le document ?

Actions	Liste des projets	Responsables portefeuille	Commentaires
↖	↖	↖	↖
Reprendre la liste des actions réalisées par thématique.	Décomposer les actions en projet (ce qui peut être confié à un chef de projet et qui ne fait partie que d'une thématique).	Indiquer le nom de la personne qui va être responsable du portefeuille (un ensemble de projets).	Donner des informations complémentaires permettant de justifier le découpage par projet.

Indiquer le nom de la personne qui va prendre en charge la liste de projets (cette liste peut à ce niveau déjà être un portefeuille).

NOM DU RESPONSABLE				
Projet	Évaluation de la charge	Évaluation du coût	Faisabilité générale	Commentaires
↑	↑	↑	↑	↑
Indiquer l'intitulé du projet en mettant de préférence un verbe d'action pour commencer la description.	Évaluer de manière très grossière en $j*h$ la mobilisation des ressources sur le projet ; cette évaluation peut être séparée entre interne et externe.	Faire une évaluation de manière très grossière du coût de chaque projet qui peut être ventilé en coûts internes et coûts externes.	Évaluer la faisabilité du projet en matière de ressources disponibles (0 pas faisable, 1 faisable sous réserve de mobilisation des ressources supplémentaires, 2 faisable).	Étayer les évaluations par des explications ou expliquer pourquoi les évaluations ne sont pas possibles.

Projets retenus	Charge évaluée	Budget évalué
↖	↖	↖
Indiquer la liste des projets faisables et ceux pour lesquels les ressources supplémentaires seront allouées.	Indiquer la charge globale évaluée et arbitrée (avec la charge supplémentaire nécessaire).	Indiquer le coût global évalué et arbitré (avec les budgets supplémentaires nécessaires).

Conseils ➔

- Pour les projets innovants où il n'est pas possible de faire de la capitalisation, indiquer des fourchettes sur les marges et sur les coûts.
- Le coordinateur de projet permet soit une capitalisation directe par sa connaissance des projets antérieurs, soit il sera un facilitateur dans la recherche des informations sur les projets précédents.

4 Présentation du portefeuille

Dans quels cas
utilise-t-on cet outil ?

Décliner

4 Construire

Piloter

Capitaliser

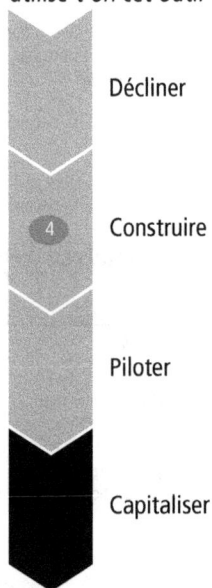

À quoi cela sert ?

- Construire le macroplanning consolidé des projets du portefeuille dans le temps.
- Construire le macrobudget consolidé du portefeuille.
- Effectuer des arbitrages entre les projets à l'intérieur du portefeuille.

Rédacteurs/cibles

Réalisée par	Responsable de portefeuille Chefs de projet pressentis
Adressée à	Coordinateur de projets Direction générale

Ce travail doit être validé par la direction générale qui doit, avec l'aide du coordinateur de projets, faire une consolidation globale des portefeuilles ; c'est d'ailleurs la dernière intervention opérationnelle de la direction générale avant la mise en œuvre des projets.

Conseils

- Compléter les différents tableaux par des explications mises en commentaires pour détailler certains éléments qui le mériteraient.
- Construire ces tableaux en corrélation avec les travaux qui ont été menés précédemment et notamment sur les plans d'actions.
- Rester macro au niveau des données de planification de charge et de budget tout en étant homogène dans la manière de les évaluer pour tous les projets (les règles de calcul doivent notamment être les mêmes pour tous les projets d'un même portefeuille et pour tous les portefeuilles d'un même plan stratégique ; c'est au coordinateur de projets de s'assurer du respect de ces règles).

Comment utiliser le document ?

Indiquer la date de début du projet.   Indiquer la date de fin.   Indiquer
                                                                                                          les mois de
                                                                                                          l'année.

An 1											

Projet	Début	Fin	Durée	Ressources	Livrable	Charge	M1	M2	M3	M4	M5	M6	M7	M8	M9	M10	M11	M12
Projet 1																		

Indiquer le nom   Indiquer la   Indiquer les   Indiquer   Indiquer la charge globale en j×h néces-
de baptême du   durée en   ressources   le résultat   saire à la réalisation du projet (ressources
projet ou son   semaines du   nécessaires   attendu du   internes).
numéro (dans   projet.   (par exemple   projet.
ce cas mettre   le budget).
un commentaire
avec l'intitulé en
clair du projet).

Indiquer le coût journée moyen des ressources
internes.

Projets	Charge estimée	Coût journalier RH	Coût ressources matérielles	Coût sous traitance et achats	Totaux

Indiquer le nom du   Indiquer la charge   Indiquer le coût   Indiquer le coût
projet.   globale des ressources   total des ressources   total de la sous-traitance
                                internes.   matérielles nécessaires à   et des achats nécessaires
                                                         la réalisation du projet.   à la réalisation du projet.

Indiquer si le projet est retenu
ou non dans le portefeuille de
projets.

Indiquer le nom du projet.

Projets	Contribution aux objectifs généraux (0-3)	Faisabilité du projet (0-3)	Évaluation du projet	Projets retenus (O/N)

Indiquer comment le projet   Indiquer si le projet est faisable   Indiquer le coût total évalué du
contribue aux objectifs généraux   (pas faisable 0, faisable avec   projet.
du portefeuille ((3 beaucoup, 2   des ressources supplémentaires
moyennement, 1 peu).   1, faisable avec les ressources
                                    allouées 2).

Conseils ❸

– Partir d'une liste la plus large possible de projets et agir par élimination en fonction
des coûts, des retours sur investissement, mais aussi de l'intérêt du projet par rapport à la fois aux objectifs du portefeuille et à ceux du plan stratégique.

5 Fiche projet

À quoi cela sert ?

- Réaliser la « carte d'identité » du projet afin de pouvoir communiquer avec les différents acteurs.
- Décliner les objectifs généraux d'un projet en objectifs opérationnels.
- Constituer un élément synthétique de description du projet pour la direction générale.

Rédacteurs/cibles

Réalisée par	Responsable du portefeuille Chef de projet s'il est déjà nommé
Adressée à	Chef de projet Coordinateur de projets Direction générale

Ce document va servir au responsable de portefeuille pour présenter le projet au chef de projet futur ou pressenti. Le chef de projet pressenti peut participer à ce travail.

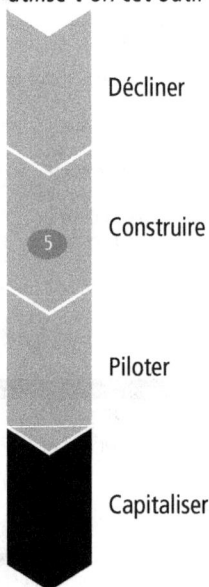

Dans quels cas utilise-t-on cet outil ?

Décliner

Construire

Piloter

Capitaliser

Conseils

– Ce document peut faire office de « commande » pour le commanditaire du projet. Le commanditaire peut être directement le responsable du portefeuille de projets mais ce peut être celui qui va être en relation avec le chef de projet pour le pilotage. D'une manière générale, le commanditaire devrait être celui qui a le pouvoir de décider que le projet va se faire ou pas.

Comment utiliser le document ?

N° : Xxxx

Objet du projet	♣ Xxxxxx	◄─── Reprendre le but-objet du projet en le détaillant un peu plus si nécessaire.

Motifs et contexte	♣ Xxxxxx ♣ Xxxxxx	◄─── Indiquer les éléments du contexte dans lequel le projet va évoluer afin d'assurer sa compréhension globale par le chef de projet.

Résultats attendus	♣ Xxxxxx ♣ Xxxxxx	◄─── Faire la liste des livrables (matériels ou immatériels) qui vont constituer le résultat attendu du projet.

Macro Planning

Jalons du projet :
♣ Début :
♣ Fin :
♣ Echéances intermédiaires :

Macro tâches :
♣ Xxxxxx
♣ Xxxxxx   ◄─── Indiquer les premiers éléments de planification tout
♣ Xxxxxx   en restant au niveau macro ; préciser notamment les
                    échéances imposées dans le projet.

Charge et coûts

Charges :
♣ Charges internes :
♣ Charges externes :
Coûts :
♣ Couts achats :
♣ Couts matériels :   ◄─── Indiquer en partant du macroplanning quels sont les
♣ Couts internes :   éléments calculés de charge et de coût en les ventilant
♣ Couts externes :   selon les différentes rubriques ci-contre.

Acteurs

Commanditaire :
♣ Xxxxxx
Chef de projet :
♣ Xxxxxx
Comité de pilotage :
♣ Xxxxxx   ◄─── Indiquer de manière nominative les acteurs qui sont à
                    ce stade déjà identifiés. Indiquer dans les cases vides la
Experts :   mention « à nommer ».
♣ Xxxxxx
Ressources Internes :
♣ Xxxxxx
Ressources Externes :
♣ Xxxxxx

	Commentaires complémentaires	♣ Xxxxxx
		♣ Xxxxxx
Préciser tout ce qui pourrait apporter des éclairages supplémentaires au projet, et notamment les enjeux du projet et sa place dans le portefeuille. ⟶		♣ Xxxxxx
		♣ Xxxxxx
		♣ Xxxxxx

	Études préalables et documents complémentaires	**Étapes déjà réalisées :**
		♣ Xxxxxx
		♣ Xxxxxx
		♣ Xxxxxx
Faire la liste de tous les éléments qui ont été réalisés avant que le projet soit confié au chef de projet (joindre les documents afférents à la fiche projet). ⟶		**Documents annexes :**
		♣ Xxxxxx
		♣ Xxxxxx
		♣ Xxxxxx

Conseils

- Ne pas surcharger le document avec des détails ; il vaut mieux à ce titre mettre des documents en annexe qui permettront d'explorer plus en détail une rubrique.
- Faire valider le document par le coordinateur de projet avant toute diffusion à un chef de projet pressenti. Pour vérifier la forme et le niveau de maillage de la fiche projet, il est nécessaire que tous les projets du portefeuille soient décrits de manière homogène pour faciliter la constitution du portefeuille.

Note de cadrage

À quoi cela sert ?

- Décliner le but du projet en objectifs opérationnels.
- Mener une réflexion approfondie sur les objectifs du projet et préparer une éventuelle négociation.
- Effectuer un travail préparatoire à la planification détaillée du projet et à l'analyse des risques.

Rédacteurs/cibles

Réalisée par	Chef de projet
Adressée à	Commanditaire du projet Responsable de portefeuille Coordinateur de projets

Ce document est le point de départ de la gestion de projet par le chef de projet ; c'est le document le plus important du dossier projet.

Dans quels cas utilise-t-on cet outil ?

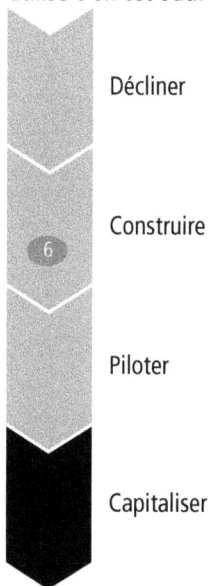

Décliner

Construire

6

Piloter

Capitaliser

Conseils

- Prendre le temps nécessaire à la fois pour remplir le document et le faire valider, ce qui peut nécessiter plusieurs entretiens successifs avec le commanditaire dans le cas d'un projet mal préparé en amont.
- Dans certains cas le travail de préparation du projet a été précis et bien fait, si bien que la note de cadrage n'est qu'une recopie des documents précédents avec l'apport de quelques rubriques complémentaires ; c'est notamment le cas si le projet est petit et que son périmètre ne nécessite pas les affinages successifs.
- Faire un classement entre les objectifs dans les rubriques « contraintes sur objectifs ». Ce classement permettra d'éviter des négociations inutiles sur des objectifs qui sont de toute façon figés, ou des propositions de réajustements des objectifs en phase de pilotage alors que ces objectifs ne peuvent pas être modifiés.

Comment utiliser le document ?

Objet du projet

Objet	♣ Xxxxxx

◄─────── Reformuler le but du projet afin qu'il soit suffisamment mobilisateur et compréhensible par tous les acteurs du projet.

Motifs et contexte

Déclencheurs du projet	**Externes** ♣ Xxxxxx **Internes** ♣ Xxxxxx

◄─────── Faire la liste des tous les éléments qui ont fait que le projet a été décidé ; ces éléments peuvent être internes ou externes à l'entreprise.

Contexte	**Technique** ♣ Xxxxxx **Humain** ♣ Xxxxxx **Concurrentiel** ♣ Xxxxxx

◄─────── Détailler les éléments du contexte du projet en les répartissant dans les différentes rubriques et en ajoutant des rubriques supplémentaires si nécessaire.

Travaux ou études déjà réalisés	**Travaux** ♣ Xxxxxx ♣ Xxxxxx **Études** ♣ Xxxxxx ♣ Xxxxxx **Références** ♣ Xxxxxx ♣ Xxxxxx

◄─────── Faire la liste de tout ce qui a été fait préalablement au moment où le projet a été confié au chef de projet, que ce soit des éléments immatériels comme des études ou matériels comme des réalisations préalables.

Tentatives antérieures	**Projets similaires** ♣ Xxxxxx **Tentatives inachevées** ♣ Xxxxxx **Références** ♣ Xxxxxx

◄─────── Récupérer tous les éléments de capitalisation internes ou externes à l'entreprise, et notamment les bilans de projets similaires. Indiquer les analyses des causes des tentatives inachevées sur des sujets similaires.

Objectifs de résultat

Faire la liste de tous les livrables du projet en détaillant ce qu'est chaque livrable sans tomber dans une description fonctionnelle qui fera éventuellement l'objet d'un cahier des charges. ─────►

Produits du projet	**Livrable 1** ♣ Xxxxxx **Livrable 2** ♣ Xxxxxx **Livrable 3** ♣ Xxxxxx

Indiquer pour chaque livrable les principales caractéristiques chiffrées qui permettront dévaluer la « qualité » du livrable et sa conformité en termes de performances. ─────►

Performances des produits	**Livrable 1** ♣ Xxxxxx **Livrable 2** ♣ Xxxxxx **Livrable 3** ♣ Xxxxxx

Références	Xxxxxx

Contraintes sur objectifs

Qualité	**Marge de manœuvre** ♣ Xxxxxx **Contraintes bloquées** ♣ Xxxxxx

Indiquer pour chaque type d'objectif quelles sont les éventuelles marges de manœuvre données par le commanditaire du projet afin de prévoir les solutions à proposer en cas de dérapage en phase de pilotage. Indiquer ce qui est non négociable dans les contraintes bloquées.

Temps	**Marge de manœuvre** ← ♣ Xxxxxx **Contraintes bloquées** ♣ Xxxxxx

Coûts	**Marge de manœuvre** ♣ Xxxxxx **Contraintes bloquées** ♣ Xxxxxx

Finalisation de la note de cadrage

Éléments de finalisation	**Documents joints en référence** ← ♣ Xxxxxx

Faire la liste de tous les documents qui viennent en appui de la note de cadrage.

Liste des acteurs ayant reçu la note de cadrage ←
♣ Xxxxxx

Indiquer la liste de tous les destinataires de la note de cadrage.

Date de validation de la note de cadrage définitive
♣ Xxxxxx

Signature du commanditaire du projet   *Signature du chef de projet* ←

Contractualiser le projet entre le chef de projet et le commanditaire du projet.

Macro planning du projet			Macro planning de charge du projet		Budget prévisionnel du projet (en K€)
Dénomination des phases	Date de début de tâche	Date de fin de tâche	Ressources internes (en jours × hommes)	Ressources externes (en jours × hommes)	

Décomposer le projet en grandes phases qui soient chiffrables facilement en termes de charge et de coût.

Identifier phase par phase la charge des différentes ressources nécessaires au projet.

Affiner le budget du projet préalablement calculé en valorisant chaque phase et en calculant le budget total.

Conseils ➋

– Prendre le temps de capitaliser sur des projets similaires en rencontrant les chefs de projet qui ont piloté ces projets permet des gains énormes. À la fois, on ne réinvente pas ce qui a déjà été fait et on évite de reproduire les erreurs déjà commises.

À quoi cela sert ?

- Donner une vision consolidée du planning des projets du portefeuille afin d'effectuer les arbitrages entre les projets et de voir l'impact sur le plan stratégique global.
- Donner une vision consolidée de la consommation des ressources financières des projets du portefeuille afin d'effectuer des arbitrages entre les projets et au sein du plan stratégique global.
- Mettre en place un système d'évaluation continue des projets et des chefs de projet afin de maintenir un haut niveau de qualité dans les résultats et dans la méthode pour obtenir ces résultats.

Dans quels cas utilise-t-on cet outil ?

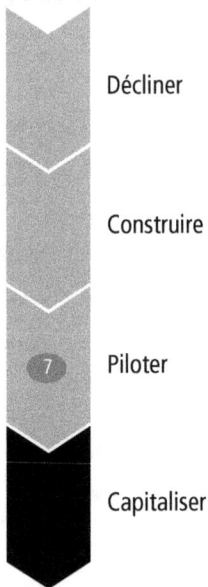

Décliner

Construire

7 Piloter

Capitaliser

Rédacteurs/cibles

Réalisé par	Coordinateur de projets
Adressé à	Responsable de portefeuille Direction générale

Conseils ➜

- Le travail d'évaluation des objectifs oblige le chef de projet à prendre du recul pour estimer dans quelle mesure les objectifs seront conformes ou non conformes aux objectifs prévus dans le plan. Cette vision consolidée implique la présence du coordinateur de projets pour faire cette évaluation.
- L'évaluation faite par le coordinateur sur le respect de la méthode doit être factuelle. Le respect de la méthode va permettre d'avoir une vision consolidée des projets. Il est donc nécessaire pour le coordinateur de projets de rappeler l'objectif de cette évaluation.

Comment utiliser le document ?

Indiquer la date de début réelle du projet.

Indiquer la durée réelle estimée du projet ou sa durée réelle s'il est terminé.

Projet	Début	Fin	Durée	Charge	An 1			
					M1	M2	M3	M4
Projet 1								

Indiquer en vert la période prévisionnelle du projet en début de plan stratégique et en rouge son déroulement réel.

Indiquer le nom du projet.

Indiquer la date de fin estimée du projet ou la date de fin réelle s'il est terminé.

Indiquer la charge réelle estimée du projet ou sa durée réelle s'il est terminé.

Indiquer le nom du projet.

Indiquer le coût prévisionnel des ressources matérielles (au démarrage du plan stratégique) au dessus et en vert et en dessous et en rouge le coût réel prévisionnel du projet.

Projets	Coût ressources humaines	Coût ressources matérielles	Coût sous traitance et achats	Totaux	
Projet 1	0,00 €	0,00 €	0,00 €	0,00 €	Prévu
	0,00 €	0,00 €	0,00 €	0,00 €	Réalisé

Indiquer le coût prévisionnel des ressources humaines (au démarrage du plan stratégique) au-dessus et en vert, et en dessous et en rouge le coût réel prévisionnel du projet.

Indiquer le coût prévisionnel de la sous-traitance et des achats (au démarrage du plan stratégique) au-dessus et en vert, et en dessous et en rouge le coût réel prévisionnel du projet.

Indiquer le nom du projet.

Évaluation du projet.

Évaluation des acteurs du projet.

Évaluation globale.

Projets	Respect des objectifs			Respect de la méthode			Consolidation
	Livrables	Planning	Budget	Comité de pilotage	Equipe projet	Chef de projet	
Projet 1	O 0	O 0	O 0	O 0	O 0	O 0	O 0

Indiquer si la réalisation des livrables est conforme au prévisionnel.

Indiquer si l'avancement du projet est conforme au prévisionnel.

Indiquer si les dépenses sont conformes au prévisionnel.

Indiquer si les différents acteurs respectent la méthodologie commune « imposée » par l'entreprise en matière de conduite de projets.

Conseils

➜ – Le coordinateur de projets doit anticiper pour obtenir ces informations (une semaine en moyenne). Le tableau de bord doit être complet avant d'être présenté à la direction générale.

8 Relevé de décisions

À quoi cela sert?

- Organiser les différentes réunions de pilotage mensuelles et trimestrielles du portefeuille et du plan stratégique.
- Tracer les décisions prises et les nouvelles orientations données par les décideurs.

Rédacteurs/cibles

Réalisé par	Le coordinateur de projets
Adressé à	La direction générale Les responsables de portefeuille Les chefs de projet

Ce document sert à la fois en amont à organiser les différentes thématiques à aborder mais aussi de compte rendu pour tracer les arbitrages réalisés par la réunion.

Dans quels cas utilise-t-on cet outil ?

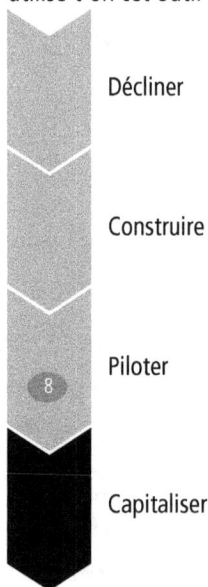

Décliner

Construire

Piloter

8

Capitaliser

Conseils

- Respecter les règles de conduite de réunion :
  - respect des horaires de début et de fin de réunion ;
  - la durée de la réunion ne doit pas dépasser 1 h 30 pour aborder l'ensemble des thèmes prévus ; les réunions doivent être courtes et dynamiques !
  - pas d'ajout de thèmes divers ou supplémentaires afin d'éviter les débordements, les dérives en termes de temps et les risques de démotivation des participants ;
  - attention au soin apporté à l'animation de la réunion car elle reflète le sérieux et le professionnalisme du projet.
- Synthétiser les décisions et les actions à mettre en œuvre (tableau de relevés de décision).
- Rédiger le document en temps réel (version manuscrite ou électronique).

Comment utiliser le document?

Date: Lieu: Heure:	Type de réunion:	Participants:

Indiquer les différentes mentions relatives à la réunion pour faciliter la préparation, la consignation, la communication vers les autres acteurs et l'archivage du document:
– date de la réunion;
– lieu de la réunion;
– heure de la réunion;
– type de réunion (arbitrages sur un projet, suivi du plan, suivi d'un portefeuille);
– participants: indiquer le nom et la fonction des acteurs présents à la réunion, absents et excusés.

Thèmes prévus	Temps prévu

Indiquer l'ordre du jour de la réunion en listant:
– les thèmes qui devront être abordés au cours de la réunion par ordre d'importance;
– le temps accordé pour chacun des thèmes abordés.

Décisions prises, actions à entreprendre, dates d'échéance	Acteurs

Consigner les décisions prises au cours de la réunion et actions à entreprendre en précisant:
– la date d'échéance pour chacune des décisions/actions (action pour quand?).
– les acteurs qui seront chargés à la mise en œuvre des décisions ou actions (qui fait quoi?).

Prochaine réunion: Date/Lieu/Heure:

Thèmes à aborder:

Préparer la prochaine réunion en indiquant:
– date de la prochaine réunion;
– lieu de cette réunion;
– heure de la réunion;
– type de réunion (comité de pilotage, réunion d'avancement, point d'étape, réunion de clôture);
– thèmes qui seront abordés au cours de cette prochaine réunion.

ⓘ **Ce document n'est pas un document de travail! Il n'est donc pas adapté à des réunions de type groupe de travail ou brainstorming.**

9 Bilan d'année

Dans quels cas utilise-t-on cet outil ?

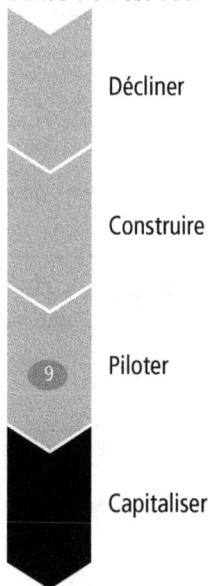

À quoi cela sert ?

- Faire le point sur les projets en cours terminés ou non débutés.
- Comparer les résultats prévus en fin d'année d'un portefeuille avec les résultats obtenus afin d'effectuer des réajustements.
- Préparer les arbitrages annuels en cours de plan stratégique.

Décliner

Construire

Piloter

Capitaliser

Rédacteurs/cibles

Réalisé par	Chef de projet
Adressé à	Responsable fonctionnel Techniciens Commanditaire

Sur la fin du projet, le chef de projet doit avoir en permanence le document sous la main pour y accéder rapidement.

Conseils

- Demander un travail préparatoire aux chefs de projet avec l'aide du coordinateur, puis des responsables de portefeuille avec le coordinateur avant la réunion de bilan.
- Travailler ensuite sur la présentation du bilan avec la direction générale pour faciliter la communication sur les réajustements d'objectifs.
- Les réajustements d'objectifs à la hausse ou à la baisse doivent être argumentés, à la fois par les responsables de portefeuille et par la direction générale.
- Toutes les analyses doivent être mises en perspective avec les objectifs initiaux du plan. Il ne faut pas « perdre en route » les collaborateurs qui ne sont pas directement en contact avec les projets ; la pédagogie autour des réajustements ne doit pas être négligée.

Comment utiliser le document ?

Indiquer le nom du projet.

Préciser si le projet est en avance, en retard ou conforme aux objectifs initiaux.

Indiquer si le projet est terminé ou non terminé.

Indiquer les actions correctives s'il y a des décalages avec les objectifs initiaux.

Projets	% du résultat global atteint	Avance ou retard	Dépassement	Projets terminés	Actions correctives à mettre en place
Projet 1		0	0	NON	
Projet 2		0	0	NON	
Projet 3	100	0	0	OUI	

Indiquer à quel niveau de réalisation on est en matière de livrables.

Indiquer quel est le niveau du dépassement budgétaire s'il existe.

Mettre la ligne en vert si le projet est terminé.

Indiquer le nom du portefeuille.

Nom du portefeuille	Objectifs généraux initiaux	Objectifs généraux réajustés	Dépassement budgétaire
Portefeuille 1			

Reprendre les objectifs initiaux en début de plan.

Indiquer la reformulation des objectifs généraux si nécessaire.

Indiquer les éventuels dépassements budgétaires globaux du portefeuille.

Indiquer les années couvertes par le plan global.

Plan	Objectifs initiaux	Objectifs réajustés	Dépassement budgétaire

Reprendre les objectifs initiaux en début de plan.

Indiquer la reformulation des objectifs généraux si nécessaire.

Indiquer les éventuels dépassements budgétaires globaux du plan.

Conseils

– Les tableaux doivent toujours être commentés et présentés avant d'être remis aux différents participants aux réunions de bilan.

– Ne jamais perdre de vue la logique de capitalisation ; si on fait un bilan, c'est pour mettre en place des actions correctives et progresser, et non pour sanctionner.

© Groupe Eyrolles

À quoi cela sert ?

- Analyser les différents portefeuilles pour en tirer des plans d'actions d'amélioration.
- Analyser les projets des portefeuilles afin de capitaliser pour les projets suivants similaires.
- Analyser le plan stratégique dans sa globalité pour préparer le plan stratégique suivant.

Rédacteurs/cibles

Réalisé par	Chef de projet Responsable de portefeuille Coordinateur de projets
Adressé à	Responsables de portefeuilles Direction générale

Dans quels cas utilise-t-on cet outil ?

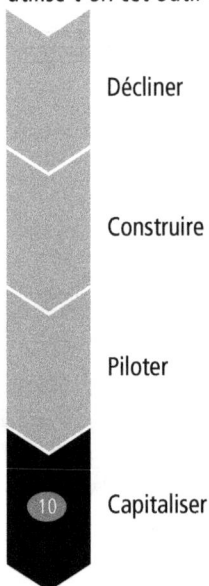

Décliner

Construire

Piloter

10 Capitaliser

Conseils

- Faire un travail de fond préparatoire à toute réunion de présentation du bilan. Ce travail de fond doit être réalisé au niveau projet, au niveau portefeuille et aussi au niveau plan.
- Le coordinateur apporte sa vue transverse et consolidée des projets mais doit rester en retrait dans les évaluations afin que les acteurs soient directement impliqués dans l'analyse des éléments qui entrent dans leur champ de responsabilité.
- La transmission des données du bilan global aux collaborateurs de l'entreprise donne lieu à une « grand-messe » de clôture du plan, qui doit être animée par le dirigeant de l'entreprise au moins au niveau de l'introduction et de la conclusion.

Comment utiliser le document ?

Faire la liste des points forts à analyser.

		Éléments analysés	Pourquoi	Ce qu'il aurait fallu faire
Nom du portefeuille	Ce qui a bien marché **+**			
	Ce qu'il faudrait améliorer **—**			

Faire la liste des points faibles à analyser.

Rechercher pourquoi cela a bien marché ou pourquoi cela a mal marché.

Faire la liste des actions correctives à mettre en place pour la mise en œuvre d'un prochain portefeuille.

Indiquer le nom du projet analysé.

Faire la liste des livrables réalisés.

Indiquer le total des éventuels dépassements budgétaires.

Nom du projet	Chef de projet	Résultats atteints	Retards pris	Dépassements de budget	Remarques

Indiquer le nom du chef de projet.

Indiquer les retards en jours par rapport aux dates initiales.

Indiquer les remarques générales émanant du bilan du projet.

Analyse du plan stratégique

Objectifs généraux

Enoncé des objectifs de départ
- Xxxxxxx
- Xxxxxxx

Objectifs réellement atteints
- Xxxxxxx
- Xxxxxxx

Faire une comparaison entre les objectifs généraux énoncés en début de plan et les objectifs réellement atteints.

Analyse des écarts

Dates et motifs des réactualisations des objectifs généraux
- Xxxxxxx
- Xxxxxxx
- Xxxxxxx

Analyse des résultats non atteints
- Xxxxxxx
- Xxxxxxx

Analyser de manière chronologique les motifs des réajustements d'objectifs.

Plans d'action

Ce qu'il ne faudra pas refaire
- Xxxxxxx
- Xxxxxxx
- Xxxxxxx

Ce qu'il faudra refaire
- Xxxxxxx
- Xxxxxxx

Faire la liste des principales erreurs commises et des principales forces du plan analysé.

Les 10 points à retenir

1. Compléter les guides méthodologiques avec votre propre expérience et votre propre vocabulaire.

2. Construire vos propres outils et les diffuser auprès de vos collaborateurs.

3. Personnaliser les outils en fonction de vos métiers.

4. Éviter d'utiliser les mêmes outils trop souvent.

5. Constituer une base de données d'outils ordonnancée et la mettre à disposition sur un intranet.

6. Compléter votre base d'outils avec des exemples de projets réels.

7. Ne pas s'enfermer dans un mode d'emploi, le plus important c'est l'objectif et le message à faire passer.

8. Utiliser la modélisation incluse dans l'outil quitte à la modifier.

9. Mettre en place des classeurs avec les guides dans chaque service.

10. Utiliser les outils dans un cadre méthodologique pour faciliter le déroulement d'une étude.

PARTIE 3

LES MODÈLES

Les modèles

Cette partie est destinée à ceux qui veulent mettre en œuvre les techniques de gestion du portefeuille de projets. Vous pouvez soit avoir lu la première partie et la deuxième partie et mettre en œuvre les outils dans l'ordre dans lequel ils sont indiqués dans la méthode, soit vous constituer votre propre méthode en assemblant les outils à votre guise et en mettant en œuvre les modèles de documents.

Vous trouverez dans cette partie :

- une représentation des modèles de documents associés aux différents outils remplis avec des exemples ;
- les cinq points importants à retenir dans la mise en œuvre de ces outils.

Cette partie nécessite d'avoir compris la logique méthodologique de la gestion d'un portefeuille de projets car la réussite tient plus dans la méthode que dans les outils.

Les modèles présentés sont des bases de travail ; ils peuvent être personnalisés pour s'adapter à chaque cas. La personnalisation d'un modèle est une traduction de votre propre appropriation.

Il vous est aussi possible de créer vos propres modèles afin d'enrichir votre « boîte à outils », mais aussi d'ouvrir votre spectre de travail.

Les matrices des outils renseignées avec des exemples sont accessibles sur le site editions-organisation.com.

À retenir ➡

- Les modèles ne sont que la traduction de votre travail, cependant ils sont souvent révélateurs de la qualité globale du résultat obtenu.
- La présentation de ces documents est aussi importante que le contenu parce qu'ils permettent souvent de communiquer avec les acteurs du projet.
- Les modèles de document sont simples à mettre en œuvre. Néanmoins, si vous demandez à d'autres personnes de les utiliser, prenez le temps de leur expliquer la logique globale de la méthode et l'usage de l'outil associé.

Les modèles de documents peuvent être mis en œuvre avec la plate-forme bureautique Office (Excel et Word).

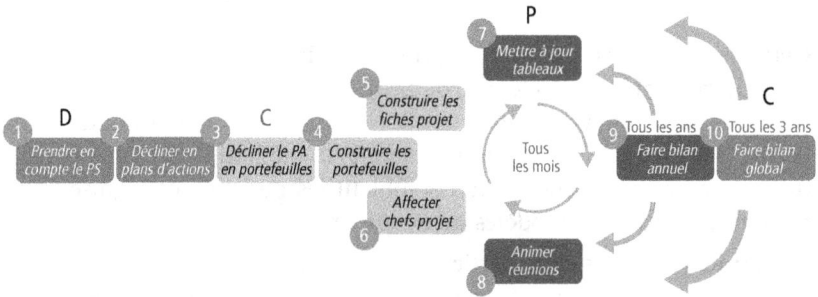

Nom de l'outil	Étapes où l'outil est utilisé
Grille d'analyse du plan stratégique	1
Plan d'actions	2
Grille de déclinaison du plan d'actions	3
Présentation du portefeuille	4
Fiche projet	5
Note de cadrage	6
Tableau de bord	7
Relevé de décisions	8
Bilan d'année	9
Bilan global	10

Grille d'analyse du plan stratégique

HORIZON 2011	GRILLE ANALYSE PLAN STRATÉGIQUE
	PLAN PRÉCÉDENT
Objectifs généraux formulés	Développer une offre de conseil sur le domaine du conseil en organisation. Proposer cette offre aux 2 grands secteurs de développement (industrie et services) en la différenciant.
Objectifs généraux atteints	L'offre de conseil pour le domaine des services a été construite et commercialisée sans grands problèmes.
Objectifs généraux non atteints	L'offre de conseil pour l'industrie est restée à l'état de prototype et n'a donc pas pu être commercialisée.
Appréciation générale du dirigeant sur le plan précédent	Sur le plan financier le plan a été une réussite puisque 90 % des objectifs de chiffre d'affaires a été réalisé. Sur le plan de la durabilité cela pose un problème de n'avoir pu mettre en place l'offre industrie dans la mesure ou les concurrents se sont positionnés dans une période particulièrement favorable.
Éléments fournis par les actionnaires	Les résultats financiers atteints ont satisfait les actionnaires notamment grâce à l'augmentation de la marge nette. Cependant une déception est restée sur le non positionnement du conseil dans l'industrie qui crée un déficit d'image de marque.
Éléments fournis par les responsables de centre de profit	Le responsable du centre de profit formation est satisfait du plan car il a bénéficié de la mise en place de l'offre conseil qui a amené des clients dans le domaine de la formation. Certains clients sont totalement nouveaux et n'ont jamais travaillé avec la structure.

Auteur :
Nom du fichier :
Date de création :
Date de modification :
Page 1
N° de version :

Les 5 points à retenir

- Compléter par un entretien avec le ou les dirigeants.
- Réaliser plusieurs versions en faisant valider au fur et à mesure les versions.
- Ne pas chercher à être exhaustif dans la liste des projets.
- Certaines actions nommées projet peuvent être à ce stade très globales.
- N'inclure dans les projets commencés que ceux qui alimentent le plan stratégique.

HORIZON 2011

Formulation des objectifs généraux par le ou les Dirigeants :

- Objectifs de développement
  - – Créer une offre innovante en matière de formation
  - – Mettre en place de nouvelles méthodes pédagogiques
  - – Mettre en place un processus de vente supplémentaire pour les formations
- Objectifs de CA
  - – Stabilisation du CA du conseil (+ 5 %)
  - – Augmentation forte du CA de la formation (+ 20 %)
  - – Stabilisation de la marge nette (+ 1 %)
- Objectifs d'organisation
  - – Recrutement de 2 commerciaux/consultants pour la formation
  - – Mise en place d'une nouvelle organisation pour la gestion des formateurs
  - – Mettre en place un système d'informations dédié pour la commande de formations

Formulation de la vision de la Direction :

- Nom du plan stratégique : Horizon 2011
- Définition du plan : Plan de développement basé sur l'innovation
- Éléments de réussite du plan :
  - – Commercial : Recrutement des commerciaux avec suffisamment d'expertise technique
  - – Marketing : Communiquer sur l'innovation et les nouvelles méthodes pédagogiques
  - – RH : Mettre en place un système de gestion des carrières des consultants en interne
  - – Structurels : Des processus simples basés sur la délégation
  - – Financiers : Stabilisation du CA par rapport aux plans précédents
  - – Production : Moins de temps consacré aux taches administratives

Auteur :	Date de création :	Page 2
Nom du fichier :	Date de modification :	N° de version :

HORIZON 2011

Projets déjà commencés	– Recrutement des commerciaux – Recherche de nouveaux locaux – Sans objet – Sans objet – Sans objet – Sans objet
Projets listés par la direction	– Recrutement des commerciaux – Recherche de nouveaux locaux – Aménagement des locaux existants – Mise en place d'un logiciel de gestion des formations – Mise en place d'un logiciel d'évaluation pour les recrutements – Changement de la charte graphique – Rénovation du livret sur la vie de l'entreprise – Mise en place d'un évènement annuel sportif interne – Recrutement d'un pool d'assistantes
Projets listés par les responsables de centre de profit	– Travail d'innovation sur les méthodes pédagogiques – Lancement d'un nouveau système d'@-mailing – Rénovation du site internet pour la partie conseil – Mise en place d'un système pour calculer les marges par affaire – Recherche de nouveaux partenariats – Étoffer le réseau de consultants internes

Auteur :	Date de création :	Page 1
Nom du fichier :	Date de modification :	N° de version :

Plan d'actions

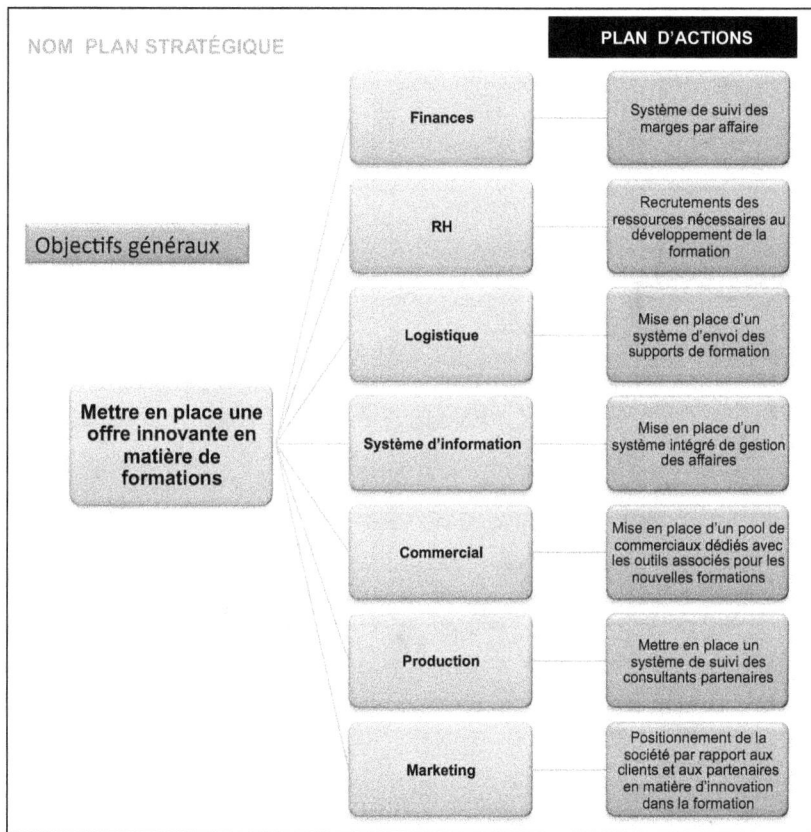

NOM PLAN STRATÉGIQUE

PLAN D'ACTIONS

Objectifs généraux

Mettre en place une offre innovante en matière de formations

Finances	Système de suivi des marges par affaire
RH	Recrutements des ressources nécessaires au développement de la formation
Logistique	Mise en place d'un système d'envoi des supports de formation
Système d'information	Mise en place d'un système intégré de gestion des affaires
Commercial	Mise en place d'un pool de commerciaux dédiés avec les outils associés pour les nouvelles formations
Production	Mettre en place un système de suivi des consultants partenaires
Marketing	Positionnement de la société par rapport aux clients et aux partenaires en matière d'innovation dans la formation

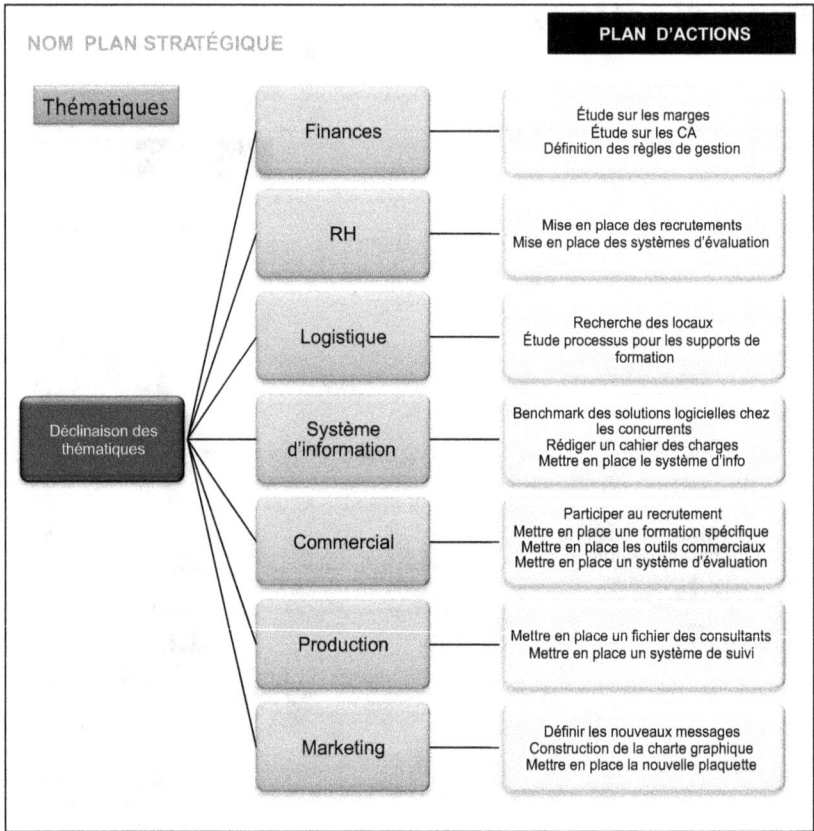

NOM PLAN STRATÉGIQUE

PLAN D'ACTIONS

Classement des actions

Action	Thématique	Priorité (1-2-3)
Étude sur les marges	Financière	2
Étude sur les CA	Financière	1
Définition des règles de gestion	Financière	3
Recherche des locaux	Logistique	1
Benchmark des solutions logicielles	Systèmes d'information	1
Mettre en place une formation spécifique	Commercial	2
Recruter des commerciaux	Ressources humaines	1

Les 5 points à retenir

- N'utiliser ce découpage en plan d'actions que dans le cas d'une grosse structure.
- Dans une petite structure, aller directement à la construction du portefeuille.
- Les thématiques listées sont directement liées au découpage de l'entreprise.
- Les priorités tiennent compte uniquement de l'intérêt de l'action par rapport aux objectifs généraux du plan stratégique.
- La ventilation des actions correspond systématiquement à la ventilation en thématiques, donc à l'organisation de l'entreprise.

3 Grille de déclinaison du plan d'actions

HORIZON 2011			GRILLE DÉCLINAISON DU PLAN D'ACTIONS
Actions	**Liste des projets**	**Responsables portefeuille**	**Commentaires**
Système de suivi des marges par affaire	• Faire un benchmark des pratiques • Faire un benchmark des outils logiciels • Étudier le processus en place • Mettre en place le nouveau système	Directeur financier Directeur des systèmes d'informations	Mettre ce projet en place progressivement afin de ne pas bloquer le processus commercial et de ne pas mobiliser trop les énergies sur un projet interne
Recrutement des ressources nécessaires au développement de la formation	• Faire un cahier des charges des besoins en consultants internes • Mettre en place la procédure de recrutement avec les consultants existants • Recruter	Directeur des ressources humaines	Projet ayant un impact stratégique important. Faire notamment attention au projet d'analyse des besoins qui doit être réalisé dans son intégralité
Mise en place du pool de commerciaux dédiés aux nouvelles formations	• Faire un cahier des charges d'analyse des besoins en recrutement de commerciaux • Mettre en place la procédure de recrutement • Recruter	Directeur commercial Directeur des ressources humaines	Projet ayant un impact stratégique important. Faire notamment attention au projet d'analyse des besoins qui doit être réalisé dans son intégralité
Développement des nouvelles méthodes pédagogiques	• Faire un benchmark • Organiser des réunions de créativité et réaliser une synthèse • Construire les nouveaux processus pédagogiques	Direction de la production	Ne pas hésiter à faire appel à des consultants externes pour les séances de créativité

Auteur :
Nom du fichier :
Date de création :
Date de modification :
Page 1
N° de version :

HORIZON 2011				GRILLE DÉCLINAISON DU PLAN D'ACTIONS
Directeur financier				
Projets	**Evaluation de la charge**	**Evaluation du cout**	**Faisabilité générale (0-3)**	**Commentaires**
Benchmark procédures de gestion	20	10000	3	RAS
Benchmark des outils logiciels	10	5000	2	RAS
Etude processus en place	10	5000	2	RAS
Mise en place nouveau système	40	20000	1	Attention au cout d'achat du logiciel
Directeur production				
Projets	**Evaluation de la charge**	**Evaluation du cout**	**Faisabilité générale (0-3)**	**Commentaires**
Benchmark des meilleurs pratiques	10	5000	3	RAS
Réunions de créativité et synthèse	20	20000	3	Attention aux couts des consultants externes
Construction des nouveaux processus	20	10000	2	RAS
Tests et mise en place des processus	40	20000	1	RAS

Auteur :
Nom du fichier :
Date de création :
Date de modification :
Page 2
N° de version :

HORIZON 2011	GRILLE DÉCLINAISON DU PLAN D'ACTIONS	
Projets retenus	Charge évaluée	Budget évalué
Benchmark procédures de gestion	20	10 000
Benchmark des outils logiciels	10	5 000
Étude processus en place	10	5 000
Mise en place nouveau système	40	20 000
Benchmark des meilleurs pratiques	10	5 000
Réunions de créativité et synthèse	20	20 000
Construction des nouveaux processus	20	10 000
Tests et mise en place des processus	40	20 000
TOTAUX	170J*h	95 000 €

Auteur :	Date de création :	Page 3
Nom du fichier :	Date de modification :	N° de version :

Les 5 points à retenir

– Les évaluations de la charge et des coûts restent macro.

– Ce document n'engage pas ceux qui font l'évaluation qui reste une première approximation.

– Les responsables de portefeuilles sont généralement des directeurs ou responsables de centre de profit.

– Un projet est un ensemble de tâches qui vont pouvoir être confiées en matière de coordination à une seule personne, le chef de projet.

– La faisabilité, c'est l'équilibre entre le triangle coût-qualité-temps d'un projet.

4 Présentation du portefeuille

PRESENTATION PORTEFEUILLE

Projet	Durée	Charge
Benchmark procédures de gestion	3M	20
Benchmark des outils logiciels	3M	10
Etude processus en place	1M	10
Mise en place nouveau système	6M	40
Benchmark des meilleurs pratiques	3M	10
Réunions de créativité et synthèse	1M	20
Construction des nouveaux processus	3M	20
Tests et mise en place des processus	6M	40
Analyse des besoins commerciaux	1M	10
Analyse des besoins consultants	1M	10
Procédure de recrutement commerciaux	3M	20
Procédure de recrutement consultants	3M	20
Recrutement commerciaux	6M	30
Recrutement consultants	6M	30
Formation commerciaux	1M	20
Formation consultants	1M	40
Aménagement des nouveaux locaux	6M	100
Déménagement	1M	20
Mise en place événement annuel	3M	10
Charte graphique	3M	30

2009 : M1 M2 M3 M4 M5 M6 M7 M8 M9 M10 M11 M12
2010 : M1 M2 M3 M4 M5 M6 M7 M8 M9

Auteur :
Nom du fichier :

Date de création :
Date de modification :

N° de version : 1

© Groupe Eyrolles

Les matrices des outils renseignés avec des exemples sont accessibles sur le site editions-organisation.com, et sont à télécharger.

PRÉSENTATION PORTEFEUILLE

Projets	Charge estimée	Coût journalier RH	Coût ressources matérielles	Coût sous traitance et achats	Totaux
Benchmark procédures de gestion	20	300,00 €	0,00 €	0,00 €	6 000,00 €
Benchmark des outils logiciels	10	300,00 €	0,00 €	0,00 €	3 000,00 €
Étude processus en place	10	300,00 €	0,00 €	0,00 €	3 000,00 €
Mise en place nouveau système	40	300,00 €	10 000,00 €	0,00 €	22 000,00 €
Benchmark des meilleurs pratiques	10	300,00 €	0,00 €	0,00 €	3 000,00 €
Réunions de créativité et synthèse	20	300,00 €	0,00 €	10 000,00 €	16 000,00 €
Construction des nouveaux processus	20	300,00 €	0,00 €	0,00 €	6 000,00 €
Tests et mise en place des processus	40	300,00 €	0,00 €	0,00 €	12 000,00 €
Analyse des besoins commerciaux	10	300,00 €	0,00 €	0,00 €	3 000,00 €
Analyse des besoins consultants	10	300,00 €	0,00 €	0,00 €	3 000,00 €
Procédure de recrutement commerciaux	20	300,00 €	0,00 €	0,00 €	6 000,00 €
Procédure de recrutement consultants	20	300,00 €	0,00 €	0,00 €	6 000,00 €
Recrutement commerciaux	30	300,00 €	0,00 €	0,00 €	9 000,00 €
Recrutement consultants	30	300,00 €	0,00 €	0,00 €	9 000,00 €
Formation commerciaux	20	300,00 €	0,00 €	0,00 €	6 000,00 €
Formation consultants	40	300,00 €	300,00 €	5 000,00 €	17 300,00 €
Aménagement des nouveaux locaux	100	300,00 €	50 000,00 €	0,00 €	80 000,00 €
Déménagement	20	300,00 €	5 000,00 €	0,00 €	11 000,00 €
Mise en place évènement annuel	10	300,00 €	0,00 €	0,00 €	3 000,00 €
Charte graphique	30	300,00 €	10 000,00 €	0,00 €	19 000,00 €
TOTAUX	**510**				**243 300,00 €**

Les 5 points à retenir

– Le portefeuille doit être redécomposé en sous-portefeuilles s'il contient plus de 30 projets.

– Les évaluations de chaque projet en matière de charge et de coût restent encore macro.

– Le portefeuille peut être constitué avec l'aide de certains chefs de projet potentiels.

– Dans une petite structure, il n'y a qu'un seul portefeuille qui contient tous les projets.

– Dans le cas d'une petite structure, les projets doivent néanmoins être ventilés par thématique et par responsable.

5 Fiche projet

FORMATION DES CONSULTANTS	FICHE PROJET
N° : 16	

Objet du projet	• Mettre en place les formations nécessaires pour amener les consultants recrutés à niveau tant sur les procédures de l'entreprise que dans les domaines d'expertise
Motifs et contexte	• Le consultants ne respectent pas généralement les procédures souvent par ignorance • Il est nécessaire que dès le début des prestations chez les clients ils soient au niveau d'expertise requis car ils sont vendus comme des consultants séniors
Résultats attendus	• 10 consultants formés aux procédures de l'entreprise • 10 consultants formés au niveau sénior dans leurs domaines d'expertise
Macro Planning	**Jalons du projet :** • Début : 1er mars 2010 • Fin : 31 juillet 2011 • Echéances intermédiaires : fin de la première formation au 30 mars 2010 **Macro tâches :** • Mettre en place le cursus Former les consultants • Évaluer les formations

Auteur : Nom du fichier :	Date de création : Date de modification :	Page 1 N° de version :

Les 5 points à retenir

- La fiche projet doit être renseignée par le responsable de portefeuille ou le commanditaire du projet.
- C'est un risque important d'incompréhensions futures que de faire remplir ce document par le chef de projet pressenti.
- Tous les documents déjà établis et toutes les études déjà réalisées doivent être listés.
- Tous les projets doivent avoir une fiche projet, y compris les plus petits et les moins stratégiques.
- La fiche projet doit rester synthétique ; pour les détails construire des annexes.

FORMATION DES CONSULTANTS

Charge et coûts

Charges :
- Charges internes : 40 jours*homme
- Charges externes : 10 jours*homme

Coûts :
- Couts achats : 0
- Couts matériels : 0
- Couts internes : 12 000 euros
- Couts externes : 5 000 euros

Acteurs

Commanditaire :
- Directeur de la production

Chef de projet :
- Consultant X

Comité de pilotage :
- Directeur de la production, directeur de la formation, directeur général

Experts :
- Consultant Y

Ressources Internes :
- Assistante Z

Ressources Externes :
- Consultant de la société X

Auteur :   Date de création :   Page 2
Nom du fichier :   Date de modification :   N° de version :

FORMATION DES CONSULTANTS

Commentaires complémentaires
- Mettre en place la formation aux différentes procédures de manière ludique
- Trouver un organisme de formation pour les parties faites en externe qui ne soit pas en concurrence avec la société
- Faire une réunion de lancement du projet avec tous les consultants internes
- Penser à faire un pot de bienvenue lorsque tous les consultants seront recrutés

Études préalables et documents complémentaires

Étapes déjà réalisées :
- Recrutements précédents
- Procédure de recrutement (voir avec DRH)

Documents annexes :
- Document de procédure de recrutement
- Étude de faisabilité
- Étude d'opportunité

Auteur :   Date de création :   Page 3
Nom du fichier :   Date de modification :   N° de version :

6 Note de cadrage

FORMATION DES CONSULTANTS

Objet du projet

Objet	• Mettre en place les formations nécessaires pour amener les consultants recrutés à niveau tant sur les procédures de l'entreprise que dans les domaines d'expertise

Motifs et contexte

Déclencheurs du projet	**Externes** • Difficultés à l'arrivée des consultants chez les nouveaux clients **Internes** • Pas de respect des procédures internes par les consultants
Contexte	**Technique** • Méconnaissance des procédures **Humain** • Comportements parfois individualistes qui doivent être endigués par un travail collectif sur le projet **Concurrentiel** • Concurrence « affamée » en période de crise, il faut mettre l'accent sur l'expertise

Auteur :　　　　　　　　　　　Date de création :　　　　　　　　Page 1
Nom du fichier :　　　　　　　　Date de modification :　　　　　　N° de version :

Les 5 points à retenir

- Faire réaliser ce document par le chef de projet.
- Donner plus de détails que dans la fiche projet, notamment au niveau de la planification et des coûts.
- Compléter par des annexes pour rester quand même synthétique dans les rubriques.
- Cette note de cadrage peut servir de « lettre de mission » pour le chef de projet.
- Réaliser plusieurs versions si nécessaire.

FORMATION DES CONSULTANTS

Travaux ou études déjà réalisés	**Travaux** • Contacts avec certaines universités • Participation à des colloques **Études** • Faisabilité • Opportunité **Références** • Documents joints • Cahier des charges fonctionnel
Tentatives antérieures	**Projets similaires** • Recrutement des consultants RH en 2007 **Tentatives inachevées** • Recrutement des consultants comm en 2006 **Références** • Dossiers projet des 2 projets cités ci joints

Auteur : Date de création : Page 2
Nom du fichier Date de modification : N° de version :

FORMATION DES CONSULTANTS

NOTE DE CADRAGE

Objectifs de résultat

Produits du projet	**Livrable 1** • 4 consultants projet formés **Livrable 2** • 3 consultants stratégie formés **Livrable 3** • 3 consultants RH formés
Performances des produits	**Livrable 1** • Capables de faire de l'assistance à maitrise d'ouvrage quel que soit le domaine d'activité du client **Livrable 2** • Capables d'accompagner des directions générales de grands groupes **Livrable 3** • Capables d'accompagner des bilans de compétences
Références	Cahier des charges joint

Auteur : Date de création : Page 3
Nom du fichier : Date de modification : N° de version :

© Groupe Eyrolles

FORMATION DES CONSULTANTS

NOTE DE CADRAGE

Contraintes sur objectifs

Qualité

Marge de manœuvre
- Sur le plan de progression de junior à sénior

Contraintes bloquées
- Nombre de consultants recrutés

Temps

Marge de manœuvre
- De 3 mois sur la dernière période de formation en 2011

Contraintes bloquées
- Fin de la première période de formation au 30 mars 2010

Coûts

Marge de manœuvre
- Pas de marge

Contraintes bloquées
- 17 300 euros maximum

Auteur :
Nom du fichier :
Date de création :
Date de modification :
Page 4
N° de version :

FORMATION DES CONSULTANTS

NOTE DE CADRAGE

Finalisation de la note de cadrage

Éléments de finalisation

Documents joints en référence
- Cahier des charges
- Études de faisabilité et d'opportunité
- Bilans des projets précédents

Liste des acteurs ayant reçu la note de cadrage
- Commanditaire
- Chef de projet
- Coordinateur de projets
- Direction Générale
- DRH

Date de validation de la note de cadrage définitive
- Janvier 2010

Signature du commanditaire du projet

Signature du chef de projet

Auteur :
Nom du fichier :
Date de création :
Date de modification :
Page 5
N° de version :

FORMATION DES CONSULTANTS

NOTE DE CADRAGE

Macro planning du projet			Macro planning de charge du projet		Budget prévisionnel du projet (en €)
Dénomination des phases	Date de début de tâche	Date de fin de tâche	Ressources internes (en jours*hommes)	Ressources externes (en jours*hommes)	
Réunions de préparation du projet	01/03/2010	01/03/2010	2	0	1000
Réunion de lancement avec tous les consultants	01/03/2010	01/03/2010	5	0	2000
Affiner le cahier des charges	01/03/2010	05/03/2010	1	0	500
Faire l'appel d'offres pour les formations extérieures	05/03/2010	05/03/2010	1	0	500
Recevoir les centres de formation	10/03/2010	10/03/2010	1	0	500
Réaliser les formations en interne	15/03/2010	31/07/2011	20	0	10000
Réaliser les formations en externe	15/03/2010	31/07/2011	20	10	20000
Faire les évaluations des formations	31/07/2011	31/07/2011	1	0	500
Animer la réunion de cloture	31/07/2011	31/07/2011	1	0	500
Faire le bilan du projet	31/07/2011	31/07/2011	1	0	500
Ensemble du projet (total)			**53,00**	**10,00**	**36000,00**

Auteur :
Nom du fichier :

Date de création :
Date de modification :

Page 6
N° de version :

TABLEAU DE BORD

Portefeuille global entreprise

Tâche	Début	Fin	2009												2010								
			M1	M2	M3	M4	M5	M6	M7	M8	M9	M10	M11	M12	M1	M2	M3	M4	M5	M6	M7	M8	M9
Benchmark procédures de gestion																							
Benchmark des outils logiciels																							
Etude processus en place																							
Mise en place nouveau système																							
Benchmark des meilleurs pratiques																							
Réunions de créativité et synthèse																							
Construction des nouveaux processus																							
Tests et mise en place des processus																							
Analyse des besoins commerciaux																							
Analyse des besoins consultants																							
Procédure de recrutement commerciaux																							
Procédure de recrutement consultants																							
Recrutement commerciaux																							
Recrutement consultants																							
Formation commerciaux																							
Formation consultants																							
Aménagement des nouveaux locaux																							

Auteur :
Nom du fichier :

Date de création :
Date de modification :

N° de version 1

Nom du portefeuille :

TABLEAU DE BORD

Projets	Coût ressources humaines	Coût ressources matérielles	Coût sous traitance et achats	Totaux	
Benchmark procédures de gestion	6 000,00 €	0,00 €	0,00 €	6 000,00 €	Prévu
	6 000,00 €	0,00 €	0,00 €	6 000,00 €	Réalisé
Benchmark des outils logiciels	3 000,00 €	0,00 €	0,00 €	3 000,00 €	Prévu
	3 000,00 €	0,00 €	0,00 €	3 000,00 €	Réalisé
Etude processus en place	3 000,00 €	0,00 €	0,00 €	3 000,00 €	Prévu
	3 000,00 €	0,00 €	0,00 €	3 000,00 €	Réalisé
Mise en place nouveau système	12 000,00 €	10 000,00 €	0,00 €	22 000,00 €	Prévu
					Réalisé
Benchmark des meilleurs pratiques	3 000,00 €	0,00 €	0,00 €	3 000,00 €	Prévu
	1 500,00 €	0,00 €	0,00 €	1 500,00 €	Réalisé
Réunions de créativité et synthèse	6 000,00 €	0,00 €	10 000,00 €	16 000,00 €	Prévu
	18 000,00 €	0,00 €	3 000,00 €	21 000,00 €	Réalisé
Construction des nouveaux processus	6 000,00 €	0,00 €	0,00 €	6 000,00 €	Prévu
					Réalisé
Tests et mise en place des processus	12 000,00 €	0,00 €	0,00 €	12 000,00 €	Prévu
	0,00 €	0,00 €	0,00 €	0,00 €	Réalisé
Analyse des besoins commerciaux	3 000,00 €	0,00 €	0,00 €	3 000,00 €	Prévu
	3 000,00 €	0,00 €	0,00 €	3 000,00 €	Réalisé
Analyse des besoins consultants	3 000,00 €	0,00 €	0,00 €	3 000,00 €	Prévu
					Réalisé
Procédure de recrutement commerciaux	6 000,00 €	0,00 €	0,00 €	6 000,00 €	Prévu
	3 000,00 €	0,00 €	0,00 €	3 000,00 €	Réalisé
Procédure de recrutement consultants	6 000,00 €	0,00 €	0,00 €	6 000,00 €	Prévu
	0,00 €	0,00 €	0,00 €	0,00 €	Réalisé
Recrutement commerciaux	4 500,00 €	0,00 €	0,00 €	4 500,00 €	Prévu
	0,00 €	0,00 €	0,00 €	0,00 €	Réalisé
Recrutement consultants	9 000,00 €	0,00 €	0,00 €	9 000,00 €	Prévu
	4 500,00 €	0,00 €	0,00 €	4 500,00 €	Réalisé
Formation commerciaux	6 000,00 €	0,00 €	0,00 €	6 000,00 €	Prévu
	3 000,00 €	0,00 €	0,00 €	3 000,00 €	Réalisé
Formation consultants	12 000,00 €	300,00 €	5 000,00 €	17 300,00 €	Prévu
	0,00 €	100,00 €	0,00 €	100,00 €	Réalisé
Aménagement des nouveaux locaux	30 000,00 €	0,00 €	50 000,00 €	80 000,00 €	Prévu
	0,00 €	0,00 €	25 000,00 €	25 000,00 €	Réalisé

Nom du portefeuille :	0 Mauvais	1 Moyen	2 Bon				TABLEAU DE BORD

Projets	Respect des objectifs			Respect de la méthode			Consolidation
	Livrables	Planning	Budget	Comité de pilotage	Equipe projet	Chef de projet	
Benchmark procédures de gestion	1	1	1	1	1	1	6
Benchmark des outils logiciels	2	1	1	2	2	2	10
Etude processus en place	2	2	2	2	2	2	12
Mise en place nouveau système	0	0	0	0	0	0	0
Benchmark des meilleurs pratiques	2	2	2	2	2	2	12
Réunions de créativité et synthèse	0	2	1	0	0	0	3
Construction des nouveaux processus	0	2	1	1	0	1	5
Tests et mise en place des processus	0	2	1	0	0	0	3
Analyse des besoins commerciaux	0	2	1	0	0	0	3
Analyse des besoins consultants	0	2	2	2	2	2	10
Procédure de recrutement commerciaux	0	0	0	0	0	0	0
Procédure de recrutement consultants	0	0	1	0	0	1	2
Recrutement commerciaux	0	0	1	0	1	2	4
Recrutement consultants	0	1	1	1	2	2	7
Formation commerciaux	1	1	2	0	2	1	7
Formation consultants	2	1	2	0	1	0	6
Aménagement des nouveaux locaux	1	1	2	1	1	0	6
Déménagement	2	0	2	0	1	1	6
Mise en place évènement annuel	1	0	0	2	1	0	4
Charte graphique	2	0	0	0	0	0	2

Les 5 points à retenir

- Respecter une grande régularité dans la périodicité de la consolidation des données (tous les mois par exemple).
- Faire réaliser ce travail par le coordinateur de projets.
- Relancer sans cesse les chefs de projet afin qu'ils respectent les délais de reporting.
- Ne pas communiquer ce document aux chefs de projet avant la validation des responsables de portefeuille ou de la direction générale.
- Appuyer ces tableaux par des analyses qualitatives des données et des projets.

8 Relevé de décisions

GLOBAL ENTREPRISE

RELEVE DE DECISIONS

| Date : 25 mai 2010 Lieu : Salle du conseil Heure : 14h00 à 16h00 | Type de réunion : Présentation par chef de projet du projet de formation des consultants | Participants : Coordinateur de projet, Direction générale, DRH, commanditaire | |

Thèmes prévus	Tps prévu	Décisions prises, actions à entreprendre, dates d'échéance	Acteurs
Présentation des objectifs du projet	20 mn	Rappeler les objectifs à l'ensemble des acteurs car compte tenu de la durée du projet certains objectifs ont été omis ou sont incompris par les acteurs du service RH	CP
Présentation des éléments réalisés	30 mn	Pas de problèmes particuliers pour la prochaine présentation réduire cette partie qui est trop longue	CP
Présentation des problèmes rencontrés et des solutions proposées	10 mn	Rallonger cette partir afin de faciliter les arbitrages. Toutes les solutions proposées par le chef de projet sont avalisées par la DG	CP
Impacts que les autres projets	30 mn	Attention ce projet ne doit pas prendre de retard compte tenu de son impact sur les autres projets et sur la production. Mettre des ressources financières supplémentaires si nécessaire, externaliser certaines formations s'il le faut compte tenu du carnet de commandes	Direction financière
Décisions prises par la Direction Générale	30 mn	Pas de problèmes particuliers sur ce projet, refaire une présentation lors du bilan dans 1 an	
Prochaine réunion : 25 juin 2010 Date/Lieu/Heure: 14 heures, salle du conseil		Thèmes à aborder : La formation des commerciaux	

Auteur :
Nom du fichier :

Date de création :
Date de modification :

Page 1
N° de version :

Les 5 points à retenir

- Respecter les horaires de réunions.
- Tracer toutes les décisions prises.
- Réaliser ce document en temps réel pendant la réunion.
- Transmettre ce document aux destinataires au plus tard le lendemain.
- Rester synthétique, ce n'est pas un compte rendu.

9 Bilan d'année

Nom du portefeuille :

BILAN ANNÉE

Projets	% du résultat global atteint	Avance ou retard	Dépassement	Projets terminés	Actions correctives à mettre en place
Benchmark procédures de gestion	100	0	0	OUI	
Benchmark des outils logiciels	100	0	0	OUI	
Etude processus en place	100	1 mois retard	1000	OUI	
Mise en place nouveau système	80	0	0	OUI	
Benchmark des meilleurs pratiques	80	0	1000	OUI	
Réunions de créativité et synthèse	100	0	0	OUI	
Construction des nouveaux processus	50	1 mois retard	0	OUI	
Tests et mise en place des processus	0	0	0	OUI	
Analyse des besoins commerciaux	100	0	1000	OUI	
Analyse des besoins consultants	100	0	0	OUI	
Procédure de recrutement commerciaux	80	6 mois retard	5000	NON	Faire un bilan approfondi et rendre compte à la DG
Procédure de recrutement consultants	20	0	0	OUI	
Recrutement commerciaux	50	0	0	NON	
Recrutement consultants	30	0	0	NON	
Formation commerciaux	20	1 mois retard	1000	NON	Remettre des ressources internes supplémentaires
Formation consultants	10	0	0	NON	
Aménagement des nouveaux locaux	0	0	0	NON	
Déménagement	0	0	0	NON	
Mise en place événement annuel	0	0	0	NON	
Charte graphique	0	0	0	NON	
			9000		

Auteur : Date de création :

Nom du fichier : Date de modification : N°de version : 1

Les 5 points à retenir

- Ne pas négliger le temps de préparation de ce bilan.
- Commenter chaque donnée.
- Faire valider ce bilan par les responsables de portefeuille avant diffusion à la direction générale.
- Sortir les projets terminés des portefeuilles pour alléger le pilotage d'une année sur l'autre.
- Travailler sur des solutions de réajustements pour les gros dérapages avant la présentation à la direction générale.

[0] Bilan global

		Éléments analysés	Pourquoi	Ce qu'il aurait fallu faire
Systèmes d'infos	Ce qui a bien marché **+**	La mise en place d'équipes pluridisciplinaires	Organisation bien comprise par les chefs de projet	RAS
		L'étude des besoins qui a été bien faite dans l'ensemble des projets	Temps prévus pour les analyses de besoin	
	Ce qu'il faudrait améliorer **—**	Le pilotage des plannings pas toujours bien réalisés bien que les données de reporting soient fournies par les acteurs	Pas assez de temps consacré à la consolidation des plannings pourtant fournis par les chefs de projet	Revoir la répartition du temps du coordinateur de projet sur les projets SI (au moins 30%) en plus
Production	Ce qui a bien marché **+**	Projets menés dans les temps grâce à une bonne prise en compte des aspects stratégiques	Bonne compréhension des enjeux grâce notamment aux différentes réunions de lancements des projets et aux plans de communication	RAS
	Ce qu'il faudrait améliorer **—**	Manque de profondeur dans les études de faisabilité surtout sur les aspects financiers qui ont donné à des dépassements de budgets conséquents (+ 50% sur certains projets)	Mauvaise compréhension par certains chefs de projet de l'utilité de l'étude de faisabilité	Revoir les modèles de documents des études de faisabilité, et exiger un budget plus détaillé

Nom du projet	Résultats atteints	Retards pris	Dépassements de budget	Remarques
Benchmark procédures de gestion	100			
Benchmark des outils logiciels	100			
Étude processus en place	100	1 mois	1000	
Mise en place nouveau système	80			Non terminé mais satisfait tout de même les besoins
Benchmark des meilleurs pratiques	80		1000	
Réunions de créativité et synthèse	100			
Construction des nouveaux processus	50	1 mois		
Tests et mise en place des processus	0			À revoir et re-planifier sur le plan suivant
Analyse des besoins commerciaux	100		1000	

HORIZON 2011

BILAN GLOBAL

Analyse du plan stratégique

Objectifs
généraux

Enoncé des objectifs de départ
- Créer une offre innovante en matière de formation
- Mettre en place de nouvelles méthodes pédagogiques
- Mettre en place un processus de vente supplémentaire pour les formations
- Stabilisation du CA du conseil (+ 5%)
- Augmentation forte du CA de la formation (+ 20%)
- Stabilisation de la marge nette (+ 1%)
- Recrutement de 2 commerciaux/consultants pour la formation
- Mise en place d'une nouvelle organisation pour la gestion des formateurs
- Mettre en place un système d'informations dédié pour la commande de formations

Objectifs réellement atteints
- Sur le plan qualitatif la quasi-totalité des objectifs ont été atteints avec des dépassements de budget dans les projets
- Sur le plan quantitatif le CA a été au dessus des objectifs mais la marge nette 0,5 % en dessous

Analyse
des écarts

Dates et motifs des réactualisations des objectifs généraux
- Fin 2009 : décision de réallouer 50 000 euros supplémentaires pour la mise en œuvre du plan

Analyse des résultats non atteints
- Pas de conséquences sur la plan global mais affiner les études de faisabilité

Plans d'action

Ce qu'il ne faudra pas refaire
- Aller trop vite dans la préparation du plan (faisabilité et opportunité)

| Auteur : | Date de création : | Page 3 |
| Nom du fichier : | Date de modification : | N° de version : |

Les 5 points à retenir

- Organiser le bilan global par étape en fonction des acteurs impliqués (chef de projet, responsable de portefeuille, direction générale).
- Ne pas négliger le côté convivial de la communication du bilan.
- Faire un travail préparatoire en profondeur quitte à repousser de quelques jours la présentation du bilan.
- Finir le bilan avant de commencer le travail de construction du plan suivant.
- Ne pas oublier de féliciter ceux qui se sont particulièrement investis dans le plan stratégique.

Les 10 points à retenir

1. Les matrices de document ne constituent pas un référentiel mais une base documentaire à enrichir.

2. Relire régulièrement les modes d'emploi des documents.

3. Adapter chaque document au sujet traité en le modifiant.

4. Faire attention à la forme et à la présentation.

5. Ne pas passer trop de temps dans la manipulation des fonctions bureautiques.

6. Enrichir la base documentaire en permanence en récupérant tous les outils fabriqués par d'autres personnes.

7. Éviter d'utiliser toujours les mêmes matrices au risque de lasser.

8. Faire attention à la gestion des différentes versions lorsque le document est sujet à modification.

9. Séparer les matrices des documents remplis afin de les conserver intactes pour la prochaine utilisation.

10. Mettre en place un système de codification des documents et communiquer sur cette codification.

Conclusion

La problématique généralement rencontrée est directement liée au téles-copage des méthodes liées à la conduite de projet. En effet, plusieurs méthodes vont cohabiter et donner lieu à des récurrences et à des bou-cles de rétroaction.

La récurrence est liée au nombre de réunions nécessaire à la coordi-nation des différents éléments (plan stratégique, portefeuilles, projets, lots de certains projets) alors que la rétroaction est liée au fait que lors-que quelque chose bouge, cela a un impact sur tout le système. Nous sommes bien en présence d'un véritable système qui ne doit sa survie et sa cohérence qu'à une certaine discipline. Cette discipline, il est évi-demment aberrant de penser que ce sont les chefs de projet, qui ont été formés, qui vont la distiller progressivement. C'est ainsi que l'on voit un grand nombre d'entreprises se lancer dans la formation de chefs de projet qui s'étale sur plusieurs mois, voire plusieurs années, et qui finit par aboutir à des retours en arrière parfois douloureux, et en tout cas rédhibitoires pour mettre en place à nouveau la conduite de projet.

Ce qu'il faut comprendre, c'est comment la méthode de conduite de pro-jet s'imbrique dans la méthode globale de gestion d'un portefeuille.

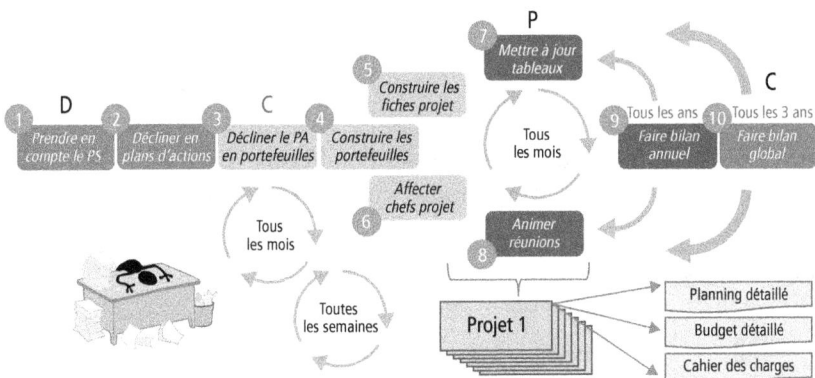

Figure 40 - Comment s'y retrouver ?

Pour cela, il faut raisonner par les résultats (livrables de la conduite de projet) :

- la réflexion stratégique débouche sur un plan stratégique ;
- le plan stratégique est décliné en plan tactique annuel ;
- le plan stratégique est décliné en portefeuilles de projets ;
- les portefeuilles de projets sont déclinés en projets ;
- les projets génèrent des dossiers projets ;
- les dossiers projets contiennent le cahier des charges, le planning détaillé et le budget détaillé.

Ces documents doivent faire l'objet de mise à jour parce qu'ils sont le reflet (tableau de bord) de ce qui se passe dans l'entreprise.

Les mises à jour se font dans un cadencement spécifique, décrit dans le tableau suivant :

Document/Tableau de bord	Périodicité de mise à jour
Plan stratégique	Tous les 3 ans
Plan tactique	Tous les ans
Portefeuille de projets	Tous les 3 mois
Projet	Tous les mois
Dossier projet	Toutes les semaines

Ce qu'il faut bien comprendre, c'est que, comme tout système, tous les éléments sont liés. Si le dossier projet n'est pas mis à jour de manière hebdomadaire, non seulement les décisions ne seront pas prises à temps mais il y a peu de chances pour que la réunion mensuelle de comité de pilotage se passe dans de bonnes conditions. Il en sera de même concernant la réunion trimestrielle sur le portefeuille qui pourra être décalée, etc.

La rigueur et la discipline du système doivent être insufflées par le haut. C'est à la direction générale :

- d'imposer le fonctionnement global en mode projet ;
- d'avoir la rigueur nécessaire pour que les cadences de mises à jour soient respectées ;

- de « descendre » périodiquement jusqu'au niveau du projet pour vérifier si les règles sont bien respectées.

Cette rigueur et cette implication sont finalement assez rares en entreprise privée ou publique. Le mode projet est souvent utilisé de manière ponctuelle pour des sujets dont on souhaite une maîtrise particulière, alors que c'est un formidable outil de management qui permet à la fois d'évaluer les personnes de manière objective (management par objectifs), de piloter les objectifs généraux à travers des tableaux de bord consolidés et un enrichissement mutuel des acteurs grâce au travail en équipe.

La notion de récurrence du système de pilotage est complexifiée par la notion de boucle de rétroaction. En effet, le plan stratégique n'est ni définitif ni statique, car les projets qui se déroulent vont subir :

- les aléas (évènements non prévisibles) ;
- les risques (évènements prévisibles) ;
- les erreurs d'évaluation (sur la durée, la charge, les coûts) ;
- les changements d'objectifs (sur la qualité).

Toute modification sur un projet influe sur l'ensemble du système de management des projets parce que tout est lié. Si on admet qu'un projet est représenté par le triangle coût-qualité-temps, on pourra représenter le portefeuille de projets de la même façon, mais aussi le plan stratégique.

Ceci veut dire que la modification d'un projet affecte le plan stratégique.

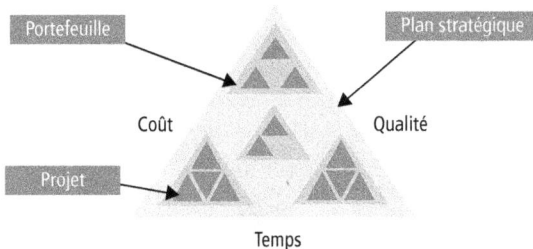

Figure 41 - Qui a un impact sur quoi ?

Dans ce schéma, on remarque bien que si un projet voit son triangle coût-qualité-temps modifié, cela aura un impact sur le triangle du portefeuille donc sur le triangle du plan stratégique. Cela nécessitera alors des arbitrages de la direction générale qui se répercuteront sur le plan global puis sur les portefeuilles, et enfin sur les projets.

La mécanique est difficile à mettre en place au niveau des tableaux de bord mais aussi de la communication. Ainsi, un projet qui n'a pas subi de modification se verra modifié par effet « domino » parce qu'un autre projet aura dysfonctionné. Afin de maintenir la motivation du chef de projet qui « subit » la modification, il faudra avoir une communication qui permette de comprendre l'intérêt de cette modification.

On comprend mieux combien le chef de projet joue un rôle crucial au niveau du projet et doit avoir une compréhension globale des mécanismes du management de projet.

Rêvons un peu :

- si la direction générale savait comment on gère un projet ;
- si les managers savaient comment on définit une stratégie ;
- si les chefs de projet comprenaient la mécanique globale…

Au-delà d'un monde meilleur, les uns comprendraient les difficultés des autres, et l'énergie perdue dans des explications, voire des conflits, en cours de projet pourrait être utilisée dans les projets eux-mêmes.

On comprend mieux que la conduite de projet concerne tout le monde et que la mise en place de méthodes, d'outils et de formation associée implique toutes les strates du système.

DES PRÉCISIONS SUR LES TYPES DE RÉUNIONS UTILISÉES

Le pilotage périodique (3 ans, 1 an, 3 mois, 1 mois, 1 semaine) implique de mettre en place un système de réunions afin d'effectuer les arbitrages nécessaires pour avancer.

Le poids de ces réunions, en matière de charge et de coût, est non négligeable, et on imagine bien que si ces réunions dysfonctionnent, la démotivation s'installe. Il est donc nécessaire de bien connaître tous les types de réunion, la façon dont elles s'organisent et quelles sont les difficultés inhérentes à leur mise en œuvre.

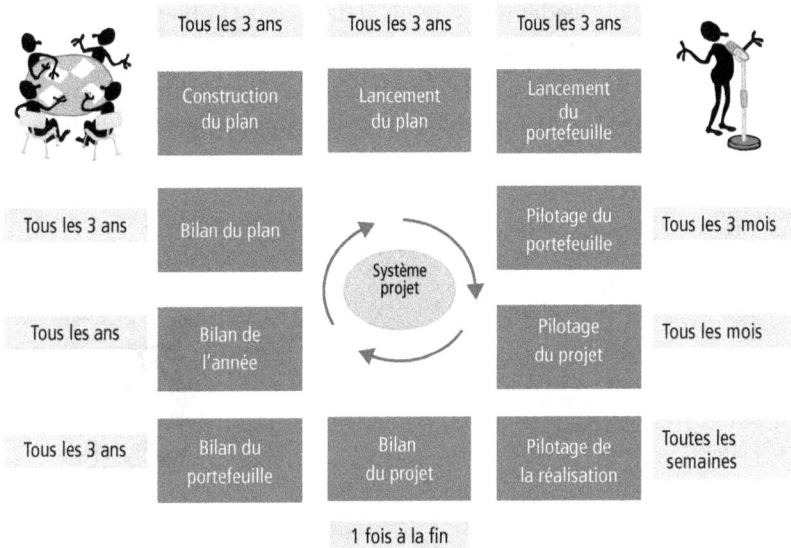

Figure 42 - Comment piloter ?

Il est donc nécessaire de maîtriser chacune des réunions pour ne pas « ralentir » le système projet et démotiver les acteurs.

LA CONSTRUCTION DU PLAN

C'est un ensemble de réunions, dont l'objectif est de constituer le plan stratégique et les plans d'actions thématiques qui vont permettre de construire les portefeuilles. Ces réunions se déroulent une fois tous les trois ans, et sont pour l'entreprise des évènements particuliers car le « sort » de l'entreprise va se jouer dans la stratégie déterminée.

C'est souvent un mélange de réunions de type créativité (brainstorming) et de groupes de travail plutôt que des réunions formelles. La réussite de ces réunions tient dans la capacité du dirigeant à les mener dans une ambiance constructive, détendue, mais aussi opérationnelle. Si le dirigeant reste le leader du système, il doit savoir s'effacer parfois dans les phases de créativité pour prendre en compte les idées innovantes.

Les facteurs de réussite sont la convivialité, le leadership du dirigeant, la capacité à innover, la capacité à avoir une approche systémique et la qualité d'animation.

Objectifs	Bâtir un plan stratégique opérationnel et communicable
Messages	C'est un acte de management C'est un enjeu majeur C'est le moyen pour innover et progresser
Moyens	Brains stormings successifs Groupes de travail Document de synthèse et plaquette de présentation
Participants	Direction générale Directeurs des centres de profit Directeurs fonctionnels Coordinateur de projet en appui dans certaines phases
Étapes	Construire la vision Décliner la vision en plan d'actions Construire les portefeuilles
Lieux	Hors lieux de travail en séminaire en résidentiel De préférence au calme dans un endroit serein (hors région parisienne par ex)
Moments	3 mois avant le lancement du plan stratégique Tous les 3 ans

LE LANCEMENT DU PLAN

C'est une réunion de communication promotionnelle qui permet de donner à tous les collaborateurs de l'entreprise les éléments constitutifs du plan sur les trois années suivantes. Cette réunion est essentiellement animée dans sa forme par le dirigeant principal, qui peut être assisté par les directeurs des centres de profit pour la déclinaison spécifique du plan.

La forme est très importante, au moins autant que le message, c'est pour cela que l'organisation, le timing et les intervenants doivent être mis en place de manière très professionnelle, parce que c'est l'image de tout le plan stratégique qui va être véhiculée. C'est aussi une occasion de faire part des évolutions et innovations profondes de l'entreprise. Le caractère trop « politique » de ces réunions nuit à la réussite du plan. Il vaut mieux rester sur de l'opérationnel, du factuel et du concret. C'est donc aux dirigeants de « venir » vers les collaborateurs dans la forme et le fond, et non pas aux collaborateurs de faire l'effort de comprendre le contenu et les messages du plan stratégique.

Objectifs	Communiquer les objectifs généraux à atteindre et mobiliser les acteurs de l'entreprise autour des objectifs
Messages	Faire comprendre que toutes les actions et projets contribuent à la réussite des objectifs généraux Faire intégrer que ce n'est pas seulement le problème des chefs de projet
Moyens	Réunion plénière Grand messe
Participants	Direction générale et Directeurs pour la préparation Tous pour la réunion plénière
Étapes	Préparation en profondeur de tous les aspects logistiques Préparation du discours oral et des supports de communication Répétition à blanc des moments principaux
Lieux	Hors de l'entreprise si possible Dans un lieu reflétant les objectifs du plan stratégique
Moments	Tous les 3 ans Dans les premiers jours de la mise en œuvre du plan stratégique

Le leadership du dirigeant principal est essentiel, et il se traduit d'ailleurs dans sa capacité à énoncer « la vision » du plan stratégique. Il sera beaucoup plus mobilisateur de dire « nous allons devenir les leaders sur tel secteur concurrentiel », que de dire « nous allons doubler notre chiffre d'affaires »…

Les facteurs de réussite sont la capacité du dirigeant à mobiliser à l'oral et l'organisation logistique de la réunion plénière.

LE LANCEMENT DU PORTEFEUILLE

Objectifs	Communiquer sur les objectifs particuliers du portefeuille
Messages	Faire comprendre la contribution du portefeuille aux objectifs généraux Mobiliser les chefs de projet et les valoriser Mobiliser ceux qui ne participent pas directement aux projets
Moyens	Groupe de travail préparatoire Réunion générale de tous les collaborateurs de la direction qui porte le portefeuille
Participants	Directeurs Responsable de portefeuille et chefs de projet Tous pour la réunion plénière
Étapes	Décliner de manière opérationnelle le portefeuille Affecter les chefs de projet Construire le tableau de bord
Lieux	Hors de l'entreprise si possible Dans un lieu convivial qui favorise la constitution d'un groupe autour d'une même thématique technique
Moments	1 fois tous les 3 ans Au plus 1 semaine après la grand messe de lancement du plan

Le lancement du portefeuille se veut une réunion plus « intimiste », faite entre les membres d'une même direction qui travaille sur un même thème. Cette réunion sert à rappeler les thèmes du plan stratégique, mais surtout à assurer la compréhension de la déclinaison du plan dans le portefeuille par une liste de projets.

Ce peut être l'occasion de présenter les chefs de projet qui vont porter les projets, ainsi la communication et l'identification des personnes sera réalisée en même temps. C'est aussi un moyen de valoriser ces mêmes chefs de projet.

Dans ce type de réunion, il est possible d'avoir des échanges sur le fond, sur la compréhension des enjeux globaux et techniques, et de poser des questions qu'il n'est pas toujours facile de poser en réunion plénière en présence du dirigeant principal.

Cette réunion est animée par le directeur de centre de profit (ou de centre fonctionnel) et les chefs de service qui vont être les clients internes des projets.

Les facteurs de réussite sont la traduction opérationnelle du plan stratégique, la participation de tous dans les échanges sont la capacité à crever
les éventuels abcès pendant la réunion plénière.

LE PILOTAGE DU PORTEFEUILLE

Objectifs	Définir des actions correctives globales au niveau du portefeuille et mesurer les impacts sur les projets
Messages	Chaque projet a un impact sur les autres projets Les projets doivent tous respecter la logique méthodologique La méthode de travail est aussi importante que le résultat
Moyens	Groupe de travail Réunion formelle Relevé de décisions
Participants	Responsable du portefeuille Directeurs Chefs de projet
Étapes	Préparation des données auprès des chefs de projet Consolidation des données dans les tableaux de bord
Lieux	Salle de réunion formelle avec système de projection
Moments	Tous les 3 mois pendant toute la durée du plan stratégique En décalage temporel avec les réunions de comité de pilotage des projets

C'est une réunion récurrente qui permet de visualiser le tableau de bord
du portefeuille examiné, et d'effectuer les arbitrages sur les projets en
fonction des modifications des objectifs. La principale difficulté de ces
réunions, c'est que l'impact des modifications peut toucher aux objectifs généraux du plan stratégique. Certaines décisions ne pourront pas
nécessairement être prises en temps réel, ce qui peut nuire à la dynami-
que projet.

Ce type de réunion est animé tous les trois mois par le responsable du
portefeuille, généralement assisté du coordinateur de projet qui fournit les données opérationnelles du tableau de bord. Le responsable du
portefeuille ne doit pas découvrir ces données en même temps que les
chefs de projet ; il doit avoir effectué avec le coordinateur de projet un

travail préalable sur les orientations à prendre. Ce travail peut d'ailleurs permettre de demander à la direction générale les décisions à prendre si les objectifs généraux sont touchés.

Les chefs de projet doivent pouvoir s'exprimer clairement lors de cette réunion, mais l'objectif est surtout de donner aux chefs de projet une vue plus globale de l'impact de leur projet sur le portefeuille et de comprendre les éventuels arbitrages en défaveur de leur projet, alors que celui-ci ne subit aucun dysfonctionnement. Il est souhaitable que, de manière périodique, le dirigeant principal participe à ces réunions, pour marquer l'intérêt de la direction pour les problèmes opérationnels de chaque direction.

Les facteurs de réussite sont la qualité des tableaux de bord et la libre parole donnée aux chefs de projet.

LE PILOTAGE DU PROJET

Objectifs	Obtenir des arbitrages coût-qualité-temps sur le projet
Messages	L'état des lieux du projet Ce qui reste à faire Les problèmes rencontrés et les solutions proposées
Moyens	Réunion formelle Relevé de décisions
Participants	Chef de projet Commanditaire, Payeur(s), Représentant de la Direction, Client(s) du projet
Étapes	Récolter les données d'avancement du projet Mettre à jour le planning et le budget Préparer les solutions pour régler les problèmes rencontrés
Lieux	Salle de réunion avec système de projection À l'intérieur de l'entreprise, sur les lieux du projet
Moments	Tous les mois En décalage temporel avec les réunions de coordination

Ce sont des réunions récurrentes, souvent appelées comités de pilotage, dont l'objectif est de faire des arbitrages sur le projet lui-même. Elles se font généralement de manière mensuelle, et sont constituées du client du projet, du commanditaire, du payeur, d'un membre représentant de la direction (ce peut être le coordinateur de projet) et du chef de projet. Celui-ci prépare un état des lieux (qualité-coût-temps) ainsi que le « reste à faire ». À la suite de cette présentation, il fait la liste des problèmes qu'il n'a pas pu résoudre, car ils ne rentrent pas dans son champ de pouvoir. Il doit assortir chaque problème des solutions possibles à mettre en œuvre. Le comité de pilotage décide, en temps réel, des modifications à apporter sur les objectifs du projet, ce qui permet au chef de projet de mettre en place tout de suite les actions correctives.

La principale difficulté tient dans le fait que les comités de pilotage ne respectent pas les règles de constitution et se transforment en longues discussions techniques autour de solutions non préparées et non validées, ce qui conduit à des non-décisions.

Les facteurs de réussite sont le respect du timing, la qualité d'animation du chef de projet et la capacité des participants à ne pas se réfugier dans des problématiques techniques.

LE PILOTAGE DE LA RÉALISATION

Ce sont des réunions d'équipe qui ont pour objectif principal de faire le point sur l'avancement de manière détaillée du projet, mais aussi d'assurer la coordination des différentes tâches sur le projet. Ces réunions nécessitent la présence du chef de projet, de son équipe et des experts des différents sujets.

Cette réunion nécessite de travailler avec les tableaux de bord détaillés (cahiers des charges, planning détaillé, budget détaillé) afin de pouvoir prendre des décisions ou d'informer sur les modifications des tâches à accomplir.

Ces réunions n'ont pas nécessairement un caractère formel dans leur organisation ; si l'équipe est restreinte, travaille sur un même lieu et peut se voir facilement, il ne sera pas toujours nécessaire de faire un compte rendu des décisions prises, le planning restant le meilleur moyen de piloter les différentes ressources.

Objectifs	Mettre en place des actions correctives immédiates en face des dérives de qualité de budget et de temps
Messages	Donner une vue globale du projet à chaque expert Faire comprendre à chacun les problématiques des autres Faire agir les experts et les ressources
Moyens	Réunion plus ou moins formelle Organisation de la réunion en fonction du nombre Relevé de décisions si nécessaire
Participants	Chef de projet Équipe projet si elle existe Experts et certaines ressources pour certains arbitrages techniques
Étapes	Préparer les données de planification en consolidant Faire la liste des points à aborder Communiquer la liste des points à chaque participant
Lieux	Salle de réunion Salle réservée au projet Lieu de convivialité en préservant les aspects pratiques (ergonomie du lieu)
Moments	Toutes les semaines De préférence toujours à la même heure et le même jour De préférence le jeudi

Le chef de projet est le principal animateur de ces réunions, c'est lui qui va coordonner l'intervention des experts et faire les arbitrages en fonction des directives du commanditaire ou du comité de pilotage. La capacité du chef de projet à dialoguer avec les experts est essentielle ; c'est un acte de communication à part entière, et c'est aussi le moment de confronter et consolider les problèmes rencontrés dans les différents « lots techniques » du projet. Toutefois, il faudra parfois recentrer le sujet sur les objectifs généraux du projet pour ne pas tomber dans le débat d'experts.

Les facteurs de réussite sont le respect du timing et la capacité à gérer les éventuels conflits d'experts.

LE BILAN DU PROJET

Cette réunion a lieu une fois à la fin du projet. L'objectif principal reste la capitalisation individuelle et collective sur le projet. Toutes les raisons sont bonnes pour ne pas faire le bilan du projet : lassitude, autre projet déjà démarré et qui mobilise toutes les énergies, le projet ne s'est pas bien passé et on ne veut pas remuer le couteau dans la plaie. Dans les faits, cette réunion n'est pas très facile à mener. L'analyse des problèmes rencontrés devient souvent l'analyse des responsables de ces problèmes. Évidemment, l'objectif n'est pas un règlement de comptes mais bien une analyse constructive des problèmes.

Objectifs	Obtenir des éléments de capitalisation pour améliorer les résultats des projets suivants
Messages	Le projet est terminé de manière définitive Il faut progresser à titre individuel Il faut progresser à titre collectif
Moyens	Groupe de travail Réunion informelle
Participants	Chef de projet Experts Ressources principales
Étapes	Faire un historique du projet avec les évènements marquants Préparer un diaporama de présentation du projet
Lieux	Salle de réunion pouvant se transformer en espace convivial à adapter en fonction du nombre de participants
Moments	À la fin du projet et sans dépasser un mois entre la fin de la réalisation et le bilan de projet

La vraie question est : « Qu'est ce que l'on ferait de mieux si l'on travaillait à nouveau ensemble ? » On travaillera sur ce bilan sur deux axes à la fois : sur l'axe technique qui consiste à vérifier si les résultats attendus (objectifs) sont atteints, et sur l'axe organisationnel pour savoir quelle est la manière d'atteindre ces résultats (méthode de travail).

Ce bilan peut être suivi d'une réunion de présentation animée par le chef de projet vers d'autres chefs de projet susceptibles de prendre en compte un projet avec des thématiques similaires. Cette façon de capitaliser de manière directe est extrêmement profitable à l'entreprise, mais on la trouve rarement faute de temps consacré au bilan et à la logique de l'urgence.

Les facteurs de réussite sont la capacité à se détacher des personnes pour analyser les faits et les remerciements donnés à chacun pour sa contribution.

LE BILAN DE L'ANNÉE

Objectifs	Remotiver les acteurs afin de poursuivre le plan
Messages	Une partie des objectifs sont atteints Chacun a traversé des difficultés mais elles ont été surmontées La Direction générale est présente pour soutenir les chefs de projet
Moyens	Groupe de travail Réunion plénière
Participants	Coordinateur de projet et Direction Générale Direction Générale et Directeurs des centres de profit Tous les acteurs de l'entreprise
Étapes	Faire le point sur tous les tableaux de bord consolidés Faire la liste des points à aborder Préparer la présentation et l'intervention de chacun
Lieux	Salle adaptée de préférence à l'extérieur de l'entreprise
Moments	Une fois par an, de préférence à une période ou la totalité des acteurs est présente En synchronisation avec la fin d'un exercice fiscal

Cette réunion a lieu tous les ans et a pour objectif de revoir éventuellement le plan stratégique. Elle doit être préparée par les responsables de portefeuille sur la base des informations fournies par les chefs de projet et du coordinateur de projet. L'objectif principal est de fournir à la direction générale les éléments décisionnels pour réviser éventuellement le plan stratégique, et communiquer à l'ensemble du personnel de l'entreprise les évolutions.

C'est un exercice difficile où souvent les objectifs doivent être revus à la baisse, dans la mesure où l'on a toujours tendance à avoir un plan stratégique idéalisé avec des objectifs supérieurs à ceux que l'on peut atteindre avec les ressources disponibles. Cependant, il vaut mieux revoir à la baisse chaque année les objectifs plutôt que de s'enliser dans des objectifs irréalistes qui, au final, deviennent démobilisants pour l'ensemble des acteurs. L'acte «politique» de fixer des objectifs dans un plan stratégique doit toujours être associé à la capacité à revoir le plan tout en expliquant les raisons de cette révision.

Cette réunion donne souvent l'occasion d'une manifestation annuelle animée par le dirigeant principal. Il convient aussi d'associer à l'animation certains chefs de projet qui ont terminé leurs projets, afin d'avoir une vue opérationnelle et une illustration concrète des avancées du plan.

Les facteurs de réussite sont la capacité à rebondir sur les objectifs non atteints et la communication sur les évolutions du plan stratégique.

LE BILAN DU PORTEFEUILLE

Objectifs	**Faire le point sur les objectifs généraux atteints et sur la manière de consolider les données**
Messages	Objectiver les résultats atteints et faire l'analyse des résultats non atteints Faire l'analyse des modes de fonctionnement de la manière d'appréhender le mode projet
Moyens	Groupe de travail Tableaux de bords finaux Dossiers projet
Participants	Responsable du portefeuille Coordinateur de projet Chefs de projet et certains cadres
Étapes	Récupérer les bilans de projet Préparer toutes les données consolidées des projets Faire une historique globale de la vie du portefeuille
Lieux	Salle de réunion avec système de projection
Moments	À la fin de la mise en œuvre du portefeuille Au moins 2 semaines avant la réunion de clôture du plan stratégique

Le bilan du portefeuille doit être réalisé par le directeur de centre de profit ou fonctionnel ou par le responsable de portefeuille avec les chefs de projet qui ont porté les projets. Ce n'est pas une réunion difficile à réaliser parce qu'elle se fait avec des personnes familiarisées avec la conduite de projet. Le coordinateur de projet vient généralement en appui pour apporter ses tableaux de bord, mais il est souhaitable qu'il soit absent sur les parties qui touchent au management par les chefs de projet.

Cette réunion est aussi préparatoire à la réunion de bilan du plan stratégique. Elle constitue à la fois une prise de recul nécessaire sur la vie de la direction et sur ses capacités à changer à innover et à mener des projets. Il est évident que cela est plus facile à réaliser pour des directions qui fonctionnent nécessairement en mode projet comme une direction de produits, une direction du marketing ou systèmes d'information, qu'une DRH qui cumule les travaux récurrents avec les projets. Cependant, la mise en mode projet des travaux de fond d'une direction permet de dynamiser l'ensemble, et de mettre au diapason les cadres de cette direction avec le reste de l'entreprise. Elle peut ainsi passer du stade de centre de coût au stade de centre de profit réalisant des objectifs qui, eux-mêmes, contribuent aux objectifs de développement de l'entreprise.

Cette réunion se déroule tous les trois ans, à l'issue de la mise en œuvre du portefeuille. C'est aussi l'occasion de faire une manifestation avec l'ensemble des acteurs de la direction.

Les facteurs de réussite sont la qualité des éléments de consolidation et la mise en perspective des différents projets par le coordinateur.

LE BILAN DU PLAN

Le bilan du plan se déroule tous les trois ans. Il correspond souvent à la fin d'un mandat pour une ou plusieurs personnes de l'entreprise. C'est donc à la fois un bilan sur les objectifs atteints, mais aussi une façon indirecte de faire un bilan personnel sur la capacité à mener un développement d'entreprise.

Il est nécessaire de découper ce bilan en deux phases : une phase technique afin de faire le bilan sur les objectifs, et ainsi capitaliser sur les projets suivants, et une seconde phase pour réaliser une manifestation qui marque la fin d'une « ère ». Cette manifestation doit être différente dans le fond et la forme du bilan annuel. C'est un moyen de « marquer le coup », et la créativité est nécessaire pour marquer les esprits.

Objectifs	Fermer une période et valoriser les acteurs qui ont contribué au plan
Messages	C'est grâce aux acteurs de terrain que l'on a pu réussir Ce que l'on a pas réussi servira d'exemple pour la capitalisation
Moyens	Groupe de travail Réunion plénière
Participants	Direction Générale et coordinateur de projet Direction générale et chefs de projet Tous
Étapes	Préparer la synthèse des objectifs atteints et non atteints Faire un groupe de travail entre la Direction Générale et les chefs de projet pour avoir les évènements marquants Organiser la réunion plénière
Lieux	Hors de l'entreprise dans un lieux qui permette de faire une manifestation conviviale
Moments	À la fin du plan stratégique Juste après la clôture des portefeuilles Pas plus de 1 mois après la clôture du plan stratégique

La nécessité de mettre un point d'arrêt à un plan stratégique est essentielle, sinon la lassitude s'installe et la routine aussi. On commence quelque chose et on le termine complètement afin de partir sur quelque chose de « nouveau », de « propre », à partir d'une feuille blanche même s'il est nécessaire de capitaliser. On entend trop souvent « c'est comme d'habitude », c'est la concrétisation de l'incapacité de certains managers à faire « rêver » leurs collaborateurs et à les motiver. La logique projet apporte cette rupture avec la notion de début et de fin qui permet de remotiver les troupes vers « de nouvelles aventures ». Si le turnover des dirigeants pose un problème de continuité, il permet au moins d'avoir un changement dans la manière d'aborder les problèmes et projets et d'apporter un vent de renouveau.

Les facteurs de réussite sont la capacité de la direction à s'effacer pour valoriser les acteurs de terrain et l'organisation logistique de la manifestation.

LE RÔLE DU COORDINATEUR DE PROJET DANS UNE ENTREPRISE

La réussite de la mise en place des éléments de gestion par projet et du management des projets tient aussi dans la nomination d'un coordinateur de projet. En effet, toutes ces tâches méthodologiques, ces réunions successives, la mise à jour des tableaux de bord, sont souvent ressenties comme « administratives » et n'apportent pas un gain direct aux chefs de projet.

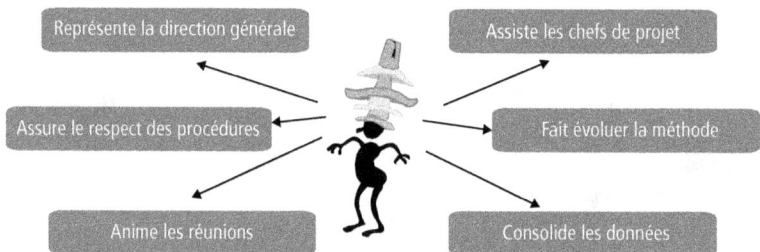

Figure 43 - Coordonner, pourquoi faire ?

Les principales tâches du coordinateur de projet sont :
- aider les chefs de projet dans la mise en œuvre de la méthodologie de conduite de projet ;
- animer les réunions périodiques concernant les portefeuilles de projet et de construction du plan stratégique ;
- consolider toutes les données recueillies auprès des responsables de portefeuille et des chefs de projet dans des tableaux de bord ;
- adapter et faire évoluer la méthode transverse de conduite de projet ;
- faire respecter la mise en œuvre de la méthode et l'homogénéité des outils de conduite de projet ;
- représenter la direction générale dans les comités de pilotage.

Le système projet fonctionnant « théoriquement » hors hiérarchie, il est intéressant de pouvoir confier à une personne qui est un peu « hors système » l'accompagnement des chefs de projet. Toutefois, afin que cette personne ait le poids nécessaire, notamment pour obtenir de manière périodique les informations de reporting, il faut qu'elle soit rattachée à la direction générale.

Ce rattachement permet aussi d'avoir des échanges constructifs avec les directeurs de centre de profit, les directeurs fonctionnels et les responsables de portefeuille. Ce rattachement présente néanmoins des inconvénients, parce que cette personne peut être considérée comme le « bras armé » de la direction.

Le recrutement d'un coordinateur de projet n'est pas simple ; il est généralement conseillé de faire un recrutement interne mais on peut aussi recruter un consultant spécialiste de la conduite de projet (s'assurer qu'il soit vraiment spécialiste…) au sein d'un cabinet, le mettre en position de chef de projet pendant une ou deux années en projetant de le nommer coordinateur de projet.

Vous trouverez une fiche de poste permettant le recrutement interne ou externe en téléchargement sur le site Eyrolles.

Nous conseillons de mettre en place des femmes qui présentent des aptitudes pour occuper ce poste :

- elles sont plus pugnaces que les hommes, en général ;
- elles savent aller jusqu'au bout des choses, y compris dans des travaux de longue haleine ;
- elles sont plus méticuleuses dans le travail ;
- elles sont plus autonomes ;
- la relation avec la direction générale sera plus facile (ce sont généralement des hommes qui ont ces postes).

Cette appréciation ne remet pas en cause les qualités intrinsèques des hommes, mais l'expérience nous a montré qu'elles sont plus opérationnelles sur ce type de poste.

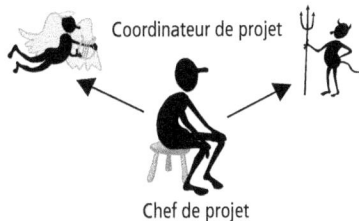

Figure 44 - Comment regarde-t-on le chef de projet ?

Le coordinateur de projets peut être vu comme « un gendarme » :

- il exige le respect de la méthode ;
- il impose certains outils ;
- il réclame les éléments de reporting ;
- il évalue les projets et les chefs de projet.

Mais il est aussi vu comme une aide précieuse :

- il aide à mettre en œuvre certains outils ;
- il aide le chef de projet dans ses négociations ;
- il rassure les chefs de projet ;
- il porte des messages vers la direction générale.

Ce double positionnement n'est pas évident à tenir dans le temps ; c'est à la direction générale de légitimer le poste auprès des chefs de projet et des directeurs, et au coordinateur de rester dans son rôle sans outrepasser ses prérogatives, même s'il va en avoir maintes fois l'occasion.

LE RAPPEL DES RÔLES DE TOUS LES ACTEURS

La définition des rôles et des objectifs d'un projet sont primordiaux. Il en est de même pour tous les acteurs impliqués dans le système projet.

Toutefois, il est nécessaire de comprendre tous les risques que l'on encourt lorsque les rôles et les tâches sont mal respectés. Sans aller dans les différentes expertises techniques, voici les principaux acteurs du système projet :

- les actionnaires ;
- la direction générale ;
- les responsables de portefeuille projet ;
- le coordinateur de projet ;
- le comité de pilotage ;
- le commanditaire ;
- le chef de projet ;

- l'équipe projet ;
- les experts ;
- les ressources.

Ces acteurs s'organisent non en strates mais en systèmes, ce qui explique que le mangement de projet nécessite une approche systémique et non une approche analytique comme on peut le faire dans une organisation hiérarchique.

Le premier niveau du système est le projet lui-même qui est autonome dans son fonctionnement. Il correspond d'ailleurs à la définition d'un système :

- des objectifs propres ;
- des éléments reliés entre eux ;
- des règles de fonctionnement propres ;
- des boucles de régulation.

Le système projet, si les objectifs sont clairs, n'a besoin de rien d'autre lorsqu'il est en fonctionnement ; c'est d'autant plus vrai lorsque les acteurs sont affectés à 100 % de leur temps au projet.

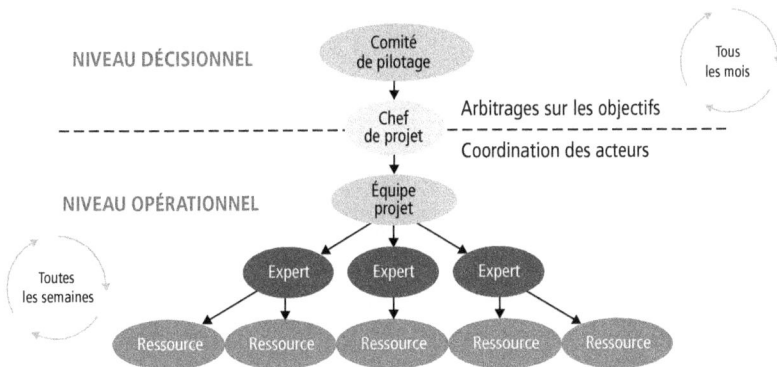

Figure 45 - Le niveau projet

Le deuxième niveau du système est le portefeuille de projets. Lui aussi répond aux définitions d'un système : il a ses objectifs propres, son système de régulation et ses relations.

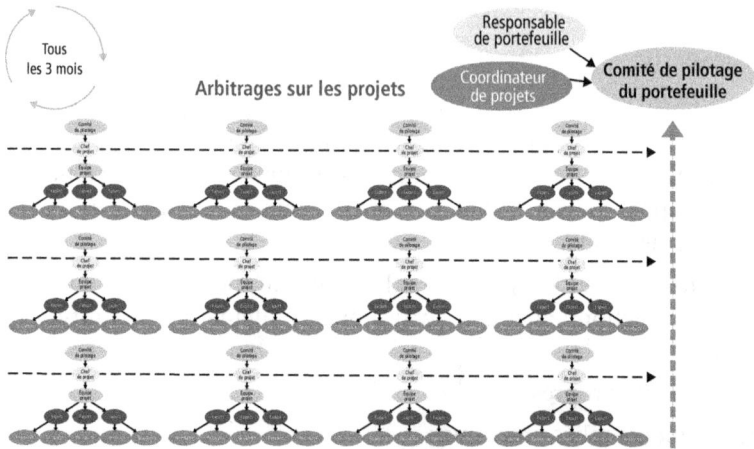

Figure 46 - Le niveau portefeuille

Le troisième niveau concerne l'entreprise où niveau le plus élevé dans la hiérarchie des systèmes. C'est sûrement le niveau le plus complexe, mais sa complexité est souvent liée au bon fonctionnement des deux autres sous-systèmes.

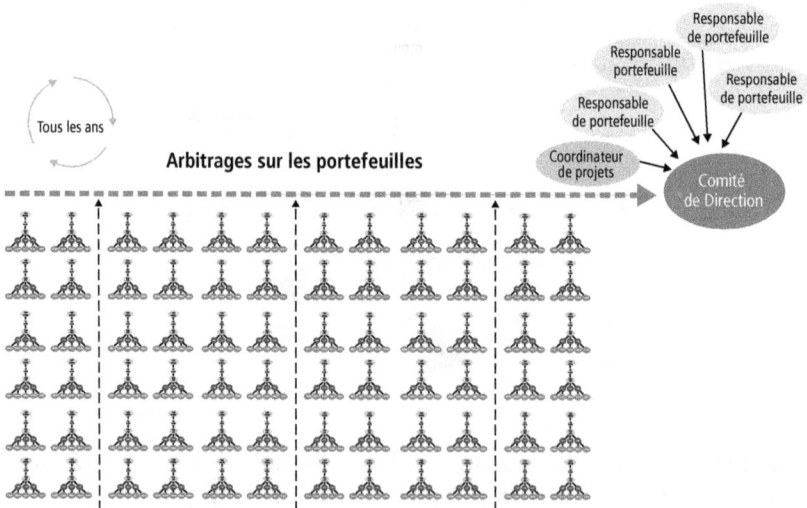

Figure 47 - Le niveau entreprise

Cette vue systémique nous fait mieux comprendre l'impact des dysfonctionnements vers le bas (le niveau projet) et vers le haut (le niveau entreprise).
La capacité des dirigeants à comprendre que le management des projets est
un formidable outil d'innovation, de développement et de changement, est
assez faible; leur compréhension se résume souvent au pilotage d'un ou
deux projets stratégiques, parfois même par des consultants externes.

Le tableau suivant nous donne le rôle précis des acteurs du système
projet et les principaux dérapages lorsqu'un des acteurs sort de son rôle,
ne le tient pas ou prend le rôle d'un autre. Le fameux facteur humain,
sur lequel nous travaillons tant, est le principal obstacle à la réussite des
projets. Il suffirait pourtant de revenir aux bases. Pour bien fonctionner
ensemble, il faut répondre à trois questions:

• qui décide (qui a le pouvoir de modifier les objectifs)?

• qui valide (qui a le pouvoir de dire que les objectifs sont conformes)?

• qui fait quoi (quelles sont les tâches de chacun)?

En prenant du recul, on s'aperçoit que le problème n'est pas tant de définir ces trois paramètres que la clarification de ces trois points contraint
nos marges de liberté, et cela nous n'en avons pas forcément envie…

Acteur	Rôle principal	Dysfonctionnement principal
Actionnaire	Définir des objectifs marge financière	Dirige en même temps l'entreprise ou se mêle des décisions opérationnelles
Direction Générale	Donner du sens aux objectifs financiers en les transformant en vision	Ne sait pas comment donner du sens et transforme les objectifs de marge en objectifs de chiffre d'affaires
Responsables de portefeuille	Décliner les objectifs généraux en objectifs par thématique	N'arrive pas à mettre en perspective les différents projets et raisonne en spécia-liste de la thématique
Coordinateur de projet	Fournir une vision consolidée pour faciliter les arbitrages	Se réfugie dans le pilotage d'un projet en prenant la place du chef de projet
Comité de pilotage	Arbitrer sur les objectifs d'un projet	Ne prend aucune décision et confond comité de pilotage et comité de direction
Commanditaire	Passer la commande d'un projet à un chef de projet	Se contente de se décharger du projet sur le chef de projet sans prendre sa part de responsabilité
Chef de projet	Organiser les ressources pour atteindre les objectifs	Se réfugie dans la technique au détri-ment de l'organisation et de l'humain

© Groupe Eyrolles

Acteur	Rôle principal	Dysfonctionnement principal
Équipe projet	Mettre en œuvre les outils de conduite de projet pour fournir les données de pilotage	Considère la mise en œuvre des outils comme des tâches administratives avec peu de valeur ajoutée
Expert	Donner le chemin à parcourir pour fabriquer le résultat	Se bloque dans ses certitudes et évite de se confronter avec ses pairs
Ressource	Fabriquer le résultat	N'informe pas sur l'avancement de ses tâches car il le considère comme du flicage

L'ASSEMBLAGE DES OUTILS DE LA CONDUITE DE PROJET

L'assemblage des différents outils va de pair avec l'organisation du projet. En fait, les outils sont tous attachés les uns aux autres (par un lien chronologique) ou sont consolidables (outils de synthèse et outils de détail). La compréhension des liens entre les outils nous permet de valoriser le travail de chacun. Il est nécessaire que le chef de projet explique quelle est l'utilité de chaque outil. Ainsi, ce qui est assimilé comme une obligation ou un moyen de contrôle deviendra un moyen de pilotage de l'entreprise. L'approche systémique permet aussi d'expliquer par exemple à une ressource que si elle ne fournit par ses données d'avancement toutes les semaines, alors :

- le planning détaillé ne sera pas à jour ;
- le budget sera faux ;
- les arbitrages faits par le chef de projet ne seront pas bons ;
- le comité de pilotage risque de faire des erreurs de changement d'objectifs ;
- le responsable de portefeuille ne verra pas les conséquences sur les autres projets ;
- les décisions stratégiques ne seront pas bonnes ;
- les objectifs généraux ne seront pas atteints.

Ainsi, le battement de l'aile de papillon provoque à l'autre bout de la chaîne un ouragan qui détruit toute une région…

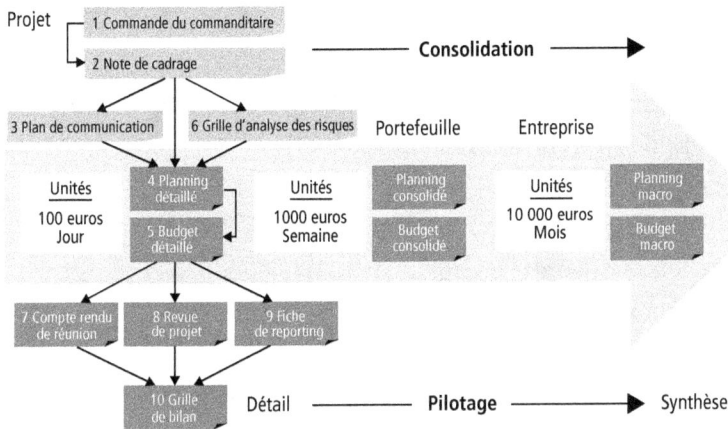

Figure 48 - Les liens entre les outils

Les bons outils sont ceux qui ont été construits dans une logique de communication. Combien de petits « génies » de l'informatique construisent des tableaux de bord de plus en plus sophistiqués que personne ne peut lire et qui, finalement, partent en réunion avec une synthèse des plus grossières qui ne permettra pas la prise de décision.

LA PROFESSIONNALISATION DES CHEFS DE PROJET

La maturation de la conduite de projet dans une entreprise est lente, très lente, cela prend en fait cinq ans en moyenne, et sous réserve que le dirigeant principal y tienne vraiment, qu'il en ait compris l'intérêt et qu'il contrôle lui-même de manière périodique l'application.

Au départ de la mise en place, la majorité des dirigeants souhaitent que les projets stratégiques de l'entreprise soient portés par les « meilleurs ». Et pour eux, les meilleurs ce sont souvent les meilleurs « experts » du sujet. Ils les nomment naturellement chefs de projet.

Ils n'ont pas conscience qu'en agissant de la sorte, ils mettent ces personnes en grand danger car ces « experts » savent-ils :

• mener une équipe d'experts ?

- manager sans les « galons » ?
- construire un planning ?
- prendre la parole en public ?
- élaborer une stratégie de communication ?
- gérer des conflits ?
- gérer leur propre stress ?
- ne pas confondre ordre et organisation ?
- dialoguer avec la direction générale ?
- piloter un sous-traitant ?
- outrepasser les procédures dans l'intérêt du projet ?
- …

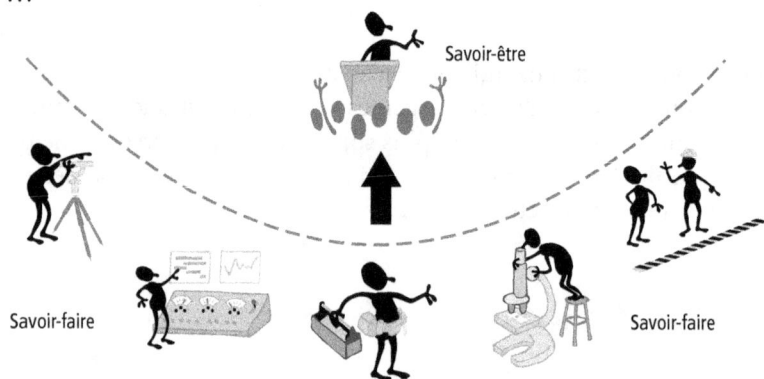

Figure 49 - Le grand saut...

Ce n'est pas rendre service à ces experts reconnus dans l'entreprise que de les mettre dans une posture managériale difficile (manager hors hiérarchie), sans s'être assuré de leur envie de le faire et de leur capacité.

Chef de projet, c'est un métier. Ce n'est pas un hasard si les formations de chefs de projet « professionnels » durent plusieurs mois, si ces bons chefs de projet sont rares car ils doivent à la fois être rigoureux (le côté méthodologique) et souples (le côté leadership).

L'entreprise doit engager quelques chefs de projet professionnels qui constitueront un réservoir pour piloter les projets complexes ou stratégiques. Ces chefs de projet « seniors » devront être formés sérieusement à la conduite de projet et à toutes ses spécialités.

Technique	Temps de formation
Cadrage des objectifs	2 jours
Logique de planification	4 jours
Gestion budgétaire	4 jours
Analyse des risques	4 jours
Bilan et capitalisation	2 jours
Planification avec outil logiciel	3 jours
Plan de communication	4 jours
Pilotage et réajustements	4 jours
Constitution d'une équipe	4 jours
Gestion du stress	2 jours
Gestion de conflits	2 jours
Conduite de réunions projet	2 jours
Prise de parole en public	3 jours
TOTAL FORMATION	40 jours

Alors, que dire de ces managers qui nous demandent de former des chefs de projet complets, tout terrain ?... ils envoient au feu un pompier formé en une heure !

LES POSTURES DES DIFFÉRENTS ACTEURS

Il pourrait être intéressant de comparer les acteurs avec des animaux, et définir ainsi différents syndromes qui correspondent à des dérapages comportementaux en situation de projet.

Les actionnaires et le « syndrome du hamster » :

* ce charmant petit animal est capable en groupe de dévaster en une nuit un champ entier, et de faire des réserves pour sa propre consommation. Son objectif premier, se remplir les bajoues sans se préoccuper du lendemain ;

- mener des projets qui rapporteront à court terme et satisferont les bas de bilan, sans avoir une vision long terme et durable.

La direction générale et le « syndrome du paon » :

- il fait le beau et s'affiche fièrement, n'hésite pas à masquer le reste de ses congénères par son « envergure » ;
- trouver le moyen d'asservir les projets à son propre intérêt personnel et, si possible, faire coïncider les projets avec la durée de son mandat. Arrêter les projets du prédécesseur est une coutume et puis… « après moi le déluge » !

Le directeur de centre de profit et le « syndrome de l'autruche » :

- elle gobe tout ce qui passe près d'elle et, lorsque la situation est difficile, elle se cache pour ne rien voir ;
- tous les projets qui vont générer du chiffre sont bons à prendre ; on lance de nouveaux produits, même s'ils sont en décalage avec la stratégie globale, pourvu qu'il y ait des projets, et s'il y a des ennuis, il n'y a plus personne, c'est la direction qui est responsable de la stratégie après tout…

Le chef de projet et le « syndrome de la pie » :

- elle est attirée par tout ce qui brille même si cela n'a aucune valeur pour elle ;
- focalisé sur ses opposants dès le début du projet, le chef de projet, se sentant attaqué personnellement à chaque remarque, perd son temps, son énergie à essayer de convaincre les opposants.

L'expert et le « syndrome du hérisson » :

- dès qu'il se sent agressé, il se met en boule et on ne sait plus comment le prendre ;
- remettre en cause la parole d'un expert est un sacrilège, puisqu'il « sait » comment il faut faire ; d'ailleurs, s'il est là, ce n'est pas par hasard. Capable de vivre en solitaire, il ne négocie pas parce qu'il a les solutions à tous les problèmes (techniques bien sûr…).

Tout cela n'est que fiction, cette ménagerie est charmante et cohabite gentiment pour le meilleur des mondes. Ce monde meilleur est décrit dans le plan stratégique ; celui-ci est d'ailleurs assorti d'une charte de communication et d'un couplet sur les valeurs que chaque pensionnaire du zoo ne manque pas de respecter.

LA CONDUITE DE PROJET COMME OUTIL DE MANAGEMENT

Toutes ces réflexions et analyses faites au cours de ces quatre ouvrages de la série (*L'analyse des besoins*, *Analyse technique et réalisation*, *Tests et mise en service*, *Le portefeuille de projets*) pourraient laisser penser que je ne crois pas à la réussite de la mise en place de la conduite de projet. Bien au contraire, je pense que la conduite de projet est un formidable outil de management.

Pourquoi se poser des questions sur comment et pourquoi on va manager les collaborateurs de l'entreprise ? La conduite de projet nous fournit tous les ingrédients pour que cela fonctionne :

• une manière claire de fixer des objectifs ;
• un schéma organisationnel simple et flexible ;
• un système relationnel qui responsabilise les personnes ;
• une mesure objective des résultats ;
• des tableaux de bord détaillés et synthétiques ;
• le moyen pour tout le monde d'avoir sa place dans une aventure ;
• une logique de capitalisation ;
• une manière d'innover ;
• un pilotage des coûts et des délais.

Alors, la conduite de projet, est-ce vraiment un choix ou une nécessité ?

• nous devons inventer de nombreux produits et services ;
• nous devons les inventer le plus vite possible ;
• avec des coûts maîtrisés.

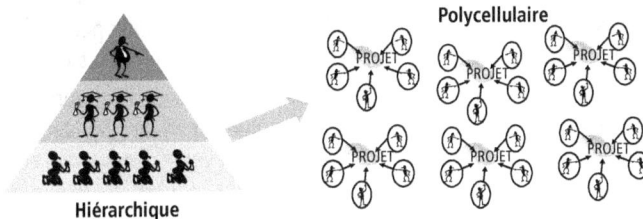

Figure 50 - Leurre ou réalité ?

Je pense sincèrement que les entreprises, petites ou grandes, qui auront la capacité à faire évoluer leur organisation hiérarchique vers des organisations polycellulaires en mode projet seront les entreprises gagnantes et durables de demain. C'est un challenge ; certaines l'ont relevé depuis longtemps, mais c'est aussi un travail de longue haleine pour que ces organisations ne retombent pas dans les travers initiaux.

Les 10 points à retenir

1. Mettre en place les réunions récurrentes en s'assurant qu'elles soient dynamiques, maîtrisées et qu'elles ne se chevauchent pas avec d'autres systèmes décisionnels.

2. Mettre en place les outils adaptés autant en termes de forme que de niveau de synthèse pour chaque acteur du système projet, tout en pensant communication projet.

3. Raisonner systémique, c'est comprendre que le management des projets est l'affaire de tous, de la ressource qui exécute la tâche à la direction générale qui définit la stratégie.

4. Former tout le monde à la conduite de projet garantit la compréhension globale de tous les mécanismes et de leurs implications au quotidien.

5. Mettre en place des règles de fonctionnement pour chaque type de réunion et s'assurer de leur application.

6. Mettre en place un coordinateur de projet et lui donner toute la latitude pour qu'il puisse occuper son poste de manière opérationnelle.

7. Définir les rôles de chacun clairement et communiquer sur les principaux dérapages comportementaux afin de les éviter.

8. Commencer par la gestion par projet avant de vouloir mettre en place le management des projets.

9. S'assurer que tout le monde travaille avec les mêmes outils permet de consolider les données et donc d'effectuer un pilotage à plusieurs niveaux.

10. Mettre en place la conduite de projet au niveau de l'entreprise reste un challenge de longue haleine mais aussi une expérience humaine enrichissante, en même temps qu'un moyen de faire évoluer l'entreprise en profondeur.